나를 기른 냄새

나를 기른
냄새

이혜인

후각이라는
터널로
더욱
선명해진
풍경

청과수풀

두 번째 작가의 말

작가의 말을 다시 써줬으면 싶다고 권유받았다. 책의 시작으로는 너무 무거운 것 같으니 힘을 좀 풀어보라고.

나는 그런 게 잘 안 됐다. 오히려 힘을 주지 않아야 잘되는 것들, 가령 물에 떠 있거나 자전거를 타거나 남들 앞에 대표로 나서는 일은 생각만 해도 무서워서 몸이 경직되고 마음은 수축했다. 그 때문에 나를 변형하거나 나의 루틴에 변수를 만드는 일은 최대한 방어했다.

그런 내가 부러워하는 건 다름 아닌 정반대의 것들이었다. 나는 큼지막하고 올 풀린 셔츠를, 아무도 없는 밤바다에서 알몸 수영을 하는 친구를, 외국인과 틀린 문법으로 대화하는 유학생을 좋아했다. 내게는 그런 느슨함이 없었고, 무엇보다 느슨하기 위한 첫 번째 전제인 담담함이 없었다.

언제나 쾌적함을 사수하는 것이 급급했기 때문이다. 예민한 유형의 사람으로 태어나 지금껏 가족들과 살면서 혼자만의 시간과 침묵을 마련하기 위해 씨름했다. 사회에선 나의 바운더리를 지키는 행위가 유치해 보일까봐 무던한 척했다. 이 역시 관계의 쾌적함을 유지하기 위함이었지만 나의 애씀이 들통났을 것이라 예상한다. 나는 오래전부터 스스로가 눈물 대신 식은땀을 흘리는 사람 같다고 생각했다.

결국 가장 힘든 건 나의 모순이었다. 정작 나는 되돌려주지 못할 배려를 가족들에게 요구하고, 일상의 불확실함 앞에서 조금도 여유롭지 못한 자신을 보는 것은 괴로운 일이었다. 나는 나의 모순을 알면서도 꾸준히 못 본 척했다.

그것이 탈이 되었던 어느 해에 쉼과 여행 그 중간의 목적으로 독일에 사는 친구 집에 머물렀다. 그 애는 이상한 통증에 시달리며 잠 못 이루는 나를 안쓰러워하면서 패출리 오일을 내 관자놀이에 부드럽게 찍어 발라주었다. 그때 처음으로 치유받는다고 생각했다. 그 애가 발라준 오일, 그 애가 끓여준 차가 천천히 내 몸에 스며들었다.

그날을 계기로 냄새라는 것에 대해 생각하게 됐다. 물론 친구의 걱정 어린 마음도 큰 역할을 했겠지만, 그 순간에 패출리의 나지막한 냄새가, 우엉차의 친숙한 냄새가 왜 내게 깊은 위안이 되었는지 궁금했다.

그러나 돌이켜보면 그런 경험은 줄곧 있었다. 나의 마음이 안전하다고 느낄 때 언제나 냄새가 있었다. 아니 냄새가 감지됐다. 그래서 그 순간을 떠올려보면 꼭 어떤 냄새가 배어 있다. 어렸을 때 가족들과 함께 간 농장에서 라벤더 아이스크림을 먹으며 맡았던 허브 냄새, 해 질 무렵 아파트 단지의 놀이터에서 놀고 있으면 코끝으로 집합하던 밥상 냄새, 베란다의 푸른 타일을 청소하고 나면 바깥바람과 함께 집 안으로 들어오던 물비린내 냄새, 겨울이면 요란한 소리와 함께 지펴지던 석유난로의 냄새….

이러한 냄새의 기억은 내게만 있는 것은 아닐 테다. 특수하지 않고 오히려 보편적인 경험이다. 그러나 어느 냄새가 과거의 선명한 감정을 불러온다는 사실을 인지하는 일은 모두에게 일어나지는 않는다. 일상생활에서 냄새를 의식하는 일이 없어서, 과거에 맡은 냄새를 또다시 만날 경우가 드물어서, 어쩌면 후각의 기억 능력을 믿지 않아서일지도 모른다. 어떤 이유에서든 그것을 깨닫지 못하면 우연한 냄새를 통해 머릿속에 과거의 장면이 재생되어도 무심히 넘어갈 것이다. 그 장면에 존재했던 우리의 감정 역시 밝혀지기도 전에 사라진다.

나는 후각에 매력을 느끼고부터 마치 혼자만의

게임처럼 코로 환경을 관찰했다. 처음엔 길가의 꽃이나 비 오는 날의 나무에 소심하게 코를 대어 보다가 나중엔 출근길 가파른 에스컬레이터를 걸어 올라가며 사람들의 각기 다른 향수 냄새를 맡고, 정말 좋은 냄새를 만날 땐 끈질기게 추적했다. 특히 국회의사당 도서관 책에서 나는 냄새를 좋아하는데, 그 근원을 찾고 싶어서 책 깊숙한 중앙부에 여러 번 코를 박곤 했다(책 소독기 냄새라고 추측한다).

물론 모든 후각 여정이 즐거운 것은 아니었다. 후각은 소중한 순간을 기록하는 데 능통하지만, 차별, 공포, 위협 등 부정적인 순간과도 밀접한 관련이 있다. 어렴풋이 사회의 윤곽만을 훑던 내가 이를 깊숙이 응시해보기로 마음먹은 건 후각을 통해 홀로코스트와 제주 4·3사건을 이해하고 나서다. 흐릿한 불편함이 선명한 아픔으로 바뀌는 그 과정에서 나는 나의 모순과도 가까워질 수 있었다.

지난여름 내가 제주에서 맡을 수 있던 향은 딱 두 가지였다. 똠얌꿍과 제피. 독감을 앓고 처음으로 후각을 잃은 나는 톡 쏘는 향신료 향만을 간신히 인지했다. 그래서 네 명의 친구들과 느긋한 시간을 보내다가도 뜬금없이 묻곤 했다. "지금 무슨 냄새 나?" 내겐 순간을 만끽하는 데 눈만큼 코도 중요한데 아무런 냄새도 감지할 수 없으니 답답한 노릇이었다. 아침마다 커피 당번을 자처하여 커피를 끓여도, 울창한 삼나무와 샘이 있는 오름 한가운데 놓여도, 매일 바닷가로 출근을 해도 냄새는커녕 친구들이 극찬하는 음식의 맛도 제대로 느끼지 못했다.

다행이라 여긴 상황도 있었다. 인파가 많은 해변의 공중화장실에 자신 있게 입장할 수 있었고, 산책길에 멀리서도 냄새가 난다던 동물 사체를 쉽게 지나칠 수 있었다. 또 덜 마른 빨래 냄새를 맡고 소리치던 친구와 달리 빨래에 코를 박고도 무던히 넘어갔다. 그러한 순간엔 어떤 불편함이나 미안함을 느끼지 못해서 평소라면 봇물 터졌을 불평이나 개선 의지가 쏙 들어갔다. 후각의 마비 상태는 놀라울 정도로 사람을 단순하고 평면적으로 만들었다. 내 주변 환경이 어떻든 나와는 상관없으니, 이기적인 생각이 무척 자연스럽고 타당한 흐름처럼 느껴졌다.

그때 생각했다. 사람은 순하고 평화로운 순간만으로 자랄 수 없구나. 마음이 돌부리에 걸리는 그 순간을 외면하지 않을 때, 사람은 아주 조금씩 성장하는 거구나. 냄새가 다시 한번 일러준 것들이다.

올해의 가장 큰 변화는 자전거를 배우고, 바다와 조금 친해지고, 영어 공부를 다시 시작한 것이다. 책을 쓰는 것도 그중 하나다. 작가로 활동하고 있는 나의 친구들은 책을 내다고 별달리 달라지는 것은 없다고 하는데, 내게는 책을 쓰기로 마음먹은 것 자체가 이미 변화다. 과장이고 엄살인 걸까. 그러나 경험해보지 않은 경험 아래에선 누구든지 아이가 된다. 나는 서른 다 넘었고 몸도 껑충하지만, 거기서 조금 더 커보겠다고 이 책을 내보인다. 부끄러움이라는 빛 앞에 나를 내놓는다.

말을 꺼내는 것이 불편했을 텐데 좋은 결과를 위해 다시 한번 글을 써달라고 제안한 편집자님께 감사드린다. 그 메일을 확인하고서 막막한 기분에 퇴근길 역사 안 서점에 들러 참고할 만한 서적을 찾으려고 했다. 그러다 엉뚱하게 시집 한 권을 골랐다. 지하철에서 시집을 천천히 읽으며 편집자님이 말한 힘을 뺀 글이 어떤 무게를 갖는지 다시금 상기했다. 연약한 무게를 지닌 것들은 한없이 가볍기에 더 멀리 나아가고, 그것을 또 다른 무게라고 부를 수 있는 거겠지.

나의 글도 분자와 같은 가벼운 무게로 읽는 이의 코에 닿았으면 좋겠다. 읽히는 것에 그치지 않고 기어코 맡아져서 콧속이 근지럽고 때로는 콧잔등이 찡해졌으면 좋겠다.

그렇게 된다면 우리는 세상을 보이는 만큼 해석하지 않고 맡아지는 만큼, 그러니까 보이지 않는 존재까지도 헤아릴 수 있게 되지 않을까.

어쩌면 이 책은 덮어지고 나서야 시작되는 것일지도 모르겠다.

2024년 11월
이혜인

차례

두 번째 작가의 말　　　　　　　　　　5

1장　스트레인저

좋아해서 투명해진	17
여행지에서 나를 두고 오는 법	24
공동묘지의 쓰레기통은 아름답다	31
이드라에서	37

2장　홈타운

경기도 라면 가족	47
당신의 반찬통 냄새	53
내 안의 에바	58
학의천에서 학 난다	65
섬유유연제와 흰 운동화	73

3장	대면
	아이 워스 필링 언더 더 웨더　　　　83
	숨을 쉴 것　　　　90
	콧속 요가　　　　101
	허수경 시인에 대한 착각　　　　109
	코로 작품 읽기　　　　119

4장	코끝의 자각
	죽음의 실루엣　　　　125
	창틈 사이로　　　　131
	사람 냄새　　　　137

5장	망각과 혐오
	인간의 닳은 지문 145
	피톤치드적 사유 153
	스무스한 혐오 160

6장	상흔과 희망
	냄새의 실종 173
	기억의 수식 181
	환상의 섬, 제주 188

1장

스트레인저

좋아해서
    　　투명해진

독일에 살았을 때 아름다운 오각형의 창이 있던 내 방은
세로로 긴 형태로 폭은 몹시 좁았다. 그 집엔 영국에서 오래
살았다는 집주인 남자와 역학 보건을 배우고 있는 또래의
여자, 그리고 나 이렇게 한국인 셋이 살았다. 1층엔 각자의
방이 쪼개져 있었고, 2층은 부엌과 거실이 있는 공간으로
널찍하고 쾌적했다. 나는 집주인이 출근하면 커피를
들고 슬그머니 거실 소파 쪽으로 가 그의 책을 빌려봤다.
갤러리를 운영하는 그에겐 흥미로운 예술 서적이 많았다.
비밀스러운 독서가 끝나면 사용했던 쿠션과 담요를 원상
복구시키는 데 시간을 썼다. 집주인은 세면대 안의 물기까지
닦아야 하는 결벽증이 있었다. 그 때문에 집주인과 옆방
친구는 위생과 냄새에 관하여 빈번히 다퉜다.

나는 워낙 한국에서도 길고양이처럼 사는 애였고, 요리 자체에 흥미가 없었기에 시리얼이나 샐러드, 파스타 정도 해먹곤 말았다. 간혹 찾는 한식이라곤 한국 라면이 전부였다. 반면 친구는 김치를 담가 먹을 정도로 한식에 대한 애착이 남달라 고춧가루, 액젓, 마늘 같은 재료를 자주 사용했다. 오랫동안 해외에서 지내며 한국적인 것에 멀어진 집주인은 특히 음식 냄새를 못 견뎌했다. 거실에 걸려 있는 여러 작품에 한식 냄새가 밸까 언제나 걱정하곤 했다. 그러다 어느 날 그는 다른 층에 사는 이웃이 마늘 냄새에 대해 불평했다며 친구에게 자극적인 냄새가 나는 한국 음식을 자제해달라고 했다. 그날은 복도에서 꽤 큰 소리가 오갔고 나는 이 집을 떠나기로 결심했다.

단순히 '냄새'에 대한 문제만은 아니었기 때문이다. 부잣집 이웃과 예술계 동료에게 흠 보이지 않고 살고 싶었을 집주인에게 냄새는 오래전부터 절제해야만 하는 약점 같은 것이었고, 학업과 생활 스트레스가 쌓인 친구에게 냄새란 고향과 이어주는 일말의 끈이자 숨통이었을 것이다. 그러니까 이건 한국 음식이 가진 냄새의 특성뿐 아니라 그것을 자신의 몸에서 지울 것인지 고수할 것인지에 대한, 엄밀히 말하면 타지에서 외국인으로서 어떻게 살 것인지에 대한 정체성의 문제이기도 했다.

집을 나간 이후엔 떠돌이 생활을 시작했다. 무직에다 언어 실력도 형편없는 외국인을 받아주는 곳은 없었다. 베를린 동서남북을 가로지르며 여러 곳의 츠비셴* 형태로 혼자 때때로 둘이 살았다. 나는 주로 샬로텐부르크나 그루네발트 같은 치안 좋은 동네에서 지내다가 그해 겨울엔 노이쾰른이라는 핫하고 그만큼 사건 사고가 잦은 동네에서 독일 남자와 함께 지내게 되었다. 방을 빌려준 콜롬비아 여대생은 내게 키를 건네며 하우스메이트가 무척 착하기 때문에 사는 데 문제없을 거라고 말했다. 그러곤 홀연히 자신의 고향으로 떠났다. 나는 당황했다. 그는 하우스메이트가 잘생겼다는 말은 하지 않았다.

뻔하게도 나는 미남에다가 친절하기까지 한 하우스메이트에게 쉽게 빠져버렸다. 그가 가진 차분한 열정과 직업적 능력도 몹시 부러웠다. 나는 점점 그 애 앞에서 행동 하나하나가 신경 쓰였다. 하지만 내가

* 정확히는 츠비셴미테(Zwischenmiete). Zwischen(사이)과 Miete(임대)가 결합한 단어로, 거주자가 집 혹은 방을 비울 동안 다른 사람이 임시로 머무는 방식을 뜻한다.

가장 걱정하는 것은 음식 냄새였다. 그도 나와 같은 채식주의자이기에 고기 냄새를 주의할 필요는 없었지만, 매운 향에 대한 면역이 없을 수 있으므로 부엌을 사용할 때마다 잔존할 냄새가 우려되었다. 또 나의 몇몇 독일 친구들은 마늘이 들어간 음식은 주말에만 먹는다고 할 정도로 타인이 맡을 냄새에 주의했다. 그를 좋아하는 마음이 커질수록 나는 지나치게 냄새에 집착했다. 원래도 잘 먹지 않던 마늘을 어쩌다 한번 사용하거나 떡볶이나 라면을 만들 때면 추운 겨울임에도 불구하고 오랫동안 창을 열어두었고(완성한 음식은 창 앞 테이블에서 먹었다), 시간이 지나선 샐러드처럼 냄새가 미약한 음식을 먹거나 아니면 커피나 맥주 같은 것으로 배를 채웠다. 나는 여러모로 볼품없어졌다.

물론 함께 사는 동안 그는 내게 단 한번도 냄새에 대한 얘기를 꺼낸 적 없다. 그때의 나는 마늘의 알싸한 향 같은 것이 내 피부 어딘가에 깊숙이 배어 있을 거라 생각했다. 그도 아닌 내가 만든 편견임을 알지만 주변 아시아인들이 겪은 후각적 혐오 경험들이 나를 움츠리게 했다. 첫 집에서 경험한 일도 은연중에 내게 영향을 주었을 테다. 반면 그의 체취가 내게 거부감을 줄 수 있다는 가능성은 아예 배제됐다. 나는 그를 홀로 좋아해서 냄새를 맡는 자가 아닌 맡아지는 자가 되었다.† 상상 속 수많은 코가 시도 때도 없이 내 피부 앞에서 씰룩댔다. 나는 내 몸에 코를 묻은 채 물을 수밖에 없었다. 정말 내게서 냄새가 나나? 나를 탈취하고 또 탈취했다. 그러던 어느 날 그는 말했다. "너는 정말 착해. 거실을 지나갈 때도, 테이블에 잔을 내려놓을 때도 조용하지."

나는 종종 그의 냄새를 눈으로 추적했다. 반 정도 남은 CK향수, 니베아 남성용 샴푸, 자주 먹는 베트남 원두와 오렌지 등을 기억해두었다. 나중에 그리울 때 따라서 사보려고. 내가 정당하게 맡을 수 있는 냄새는 그가 가진 바깥 공기 정도였다. 출장이 잦은 그는 일주일 혹은 보름꼴로 집에 돌아왔는데, 그럴 때면 보통 포옹으로 인사를 나눴다. 별다른 의미 없는 담백한 행위. 그렇지만 나는 그 애가 너무 좋아서 포옹이 귀했다. 껴안을 때마다

---

† 인문학연구소 하홍규 교수는 자신의 논문 〈냄새와 혐오〉(2021)에서 "냄새 맡는 자와 냄새 맡아지는 자 사이의 힘의 불균형은 냄새 맡아지는 자에게 자기 냄새로부터의 소외를 경험하게 한다. 그 소외의 결과는 자기 냄새에 대한 수치심이다"(p.29)라며, 냄새를 맡는 자의 권력과 냄새가 맡아지는 자의 무력에 대해 언급했다.

겨울 재킷에서 뿜어지는 찬바람과 바깥 공기를 남몰래 크게 들이마셨다. 낙엽 사이에 이제 막 꺼진 담배꽁초 하나가 숨어 있는 것처럼 대체로 건조하지만 아주 옅은 매연 냄새가 났다. 연필심을 으깨어놓은 냄새 같기도 했다. 후각으로 처음 세상을 배우는 것처럼 아마 그조차도 묻은 줄 모를 겨울 냄새를 익혔다.

    그때 나는 누군가를 너무 좋아하면 투명해지는 건가 싶었다. 그가 던지는 모든 말은 내 안에 투영되었다. "너는 착하고 조용해." 나르키소스의 무관심에 형체를 잃고 목소리만 남게 된 에코처럼 나라는 존재도 이내 흐릿해지더니 스스로에게도 스스로가 보이지 않게 되었다. 내게는 그가 볼 나, 그가 맡을 나, 그가 평가할 나밖에 없었다. 불현듯 겁이 난 나머지 또 계약 기간보다 일찍 집을 떠났다.

    그러나 만약 그때 세상에 완벽한 무향이란 거의 존재하지 않는다는 것을 알았다면 상황이 나았을까? 무향이라 불리는 제품 역시 성분 본연의 냄새를 없애기 위해 또 다른 향료가 사용되어 결국 희미한 향이 남고 만다는 사실을 알았더라면, 나는 덜 강박적일 수 있었을까?《코끝의 언어》의 저자 주드 스튜어트(Jude Stewart)는 무향의 현상을 "꾸며진 무대의 허구와 같다"[1]고 표현했다. 돌이켜보면 그렇다. 내가 없애고 싶었던 건 사실 마늘 냄새가 아니었다. 동양에서 온 나, 언어가 부족한 나, 돈이 모자란 나, 임시 거처에서 사는 나, 고백할 자신이 없던 나임을 얼핏 알고 있었을 테지. 그러나 나 그때 그 자리에서 할 수 있는 건 없었으므로 차라리 나를 지웠다. 투명하여 사라졌다.

이것이 나의 첫 번째 기화다.

여행지에서
　　　나를 두고 오는 법

　소중한 기억을 꼭 잠그고 싶었던 적 있는지. 나는 여행을
갈 때면 그렇다. 일상에서 멀어진 순간이 귀해서 사진으로,
영상으로, 글로 기록한다. 단 한 방울이라도 새어나가지
못하도록 마개로 꾹 눌러 밀봉한다. 그러나 아무리
밀봉하여도 이내 조금씩 줄어드는 팅크처럼 새어나가는
기억의 휘발을 막을 수 없다. 도대체 무엇이 부족한 걸까.

　우연히 배우 정유미의 인터뷰를 보게 되었다. 그는
해외여행에 온 첫날에 향수를 사서 여행하는 동안
사용한다고 했다. 그 행위 덕분에 여행지에서의 시간을
더 선명히 추억할 수 있다고. 나는 그 말이 퍽 낭만적이라
생각하면서 다음에 여행하게 된다면 꼭 실천해보리라
마음먹었다. 그러나 나의 다음은, 여행이라고 하기에도

유학이라고 하기에도 애매한 워킹홀리데이였다. 그러한 까닭에 독일에 살면서도 스스로가 단순 여행자나 정주민이라기보다는 하루키의 표현대로 '상주하는 여행자'처럼 느껴졌다. 상주 여행자를 재정적으로 풀이하자면, 기분을 내어 불필요한 무언가를 충동적으로 사기엔 남은 미래가 두려운 사람 정도 되겠다. 향수 가게를 기웃대며 여러 향을 맡았음에도 결국 아무것도 사지 못한 것도 그 때문이었다. 내게는 향수보다도 당장 생활에 필요한 식료품이나 휴대폰 요금, 월세 등을 지불하는 게 더 시급했다. 다행히 이러한 삶이 너무 익숙한 나머지 타인의 풍요를 렌트하는 태도를 터득했고, 그 덕에 세상을 비관하거나 우울해하진 않았다. 당시에 나는 해가 들지 않는 곳에 살면서도 반대편 집의 창문으로 반사되는 빛을 귀히 여기고, 테라스 너머로 잘 자라는 거리의 나무들을 보며 생명의 기운을 몰래 얻곤 했다. 그런 식으로 향의 기쁨도 누렸다. 돈 들이지 않고서 소중한 순간을 사진으로, 영상으로, 글로 기록하듯, 콧잔등을 들썩이며 기억의 볼드화에 몰두했다.

    독일에 친구가 놀러온 적이 있다. 친구가 머물던 숙소와 내가 사는 집이 가깝다 보니 일주일에 네다섯 번은 만났는데, 어느 날 친구에게서 새로운 향이 났다. 친구는 이곳 이솝에서 새로운 향수를 샀다고 했다. 지중해 연안과 이탈리아 화가 조르조 데 키리코(Giorgio de Chirico)에 영감을 받아 만들어졌다는 향수는 조향사의 의도에 따르면 느긋한 인상이 느껴져야 했지만, 어쩐지 내게는 도회적인 느낌이 강했다. 허브향이 자연 자체보다는 마치 대리석으로 마감된 미술관에서 자연을 형상화한 작품을 보는 듯한 인상을 주었다. 우아한 검정 슬립 드레스를 즐겨 입는 친구와 잘 어울렸다. 친구는 8월 초에 와서 9월 말쯤에 떠났다. 나는 그 애 곁에서 맡은 향 덕분에 베를린의 여름을 몇 도가량 낮게 기억하고 있다.

해외에 있는 동안 이런 식이었다. 향에 의해 사람, 장소, 순간, 계절의 인상이 매듭지어지는 일이 많았다. 비자가 만료될 즈음엔 이탈리아 남부에서 한동안 머물렀는데, 마침 오렌지나무의 개화 시기여서 길가엔 달콤한 꽃향기가 넘쳤다. 그러나 너무 가까이 다가가면 오히려 향은 멀어지고 수상한 낌새로 주변을 서성거려야지만 맡을 수 있었다. 집중을 위해 감았던 눈을 뜨면 지나가던 행인이 나를 보고 웃었지만 개의치 않았다. 인지심리학자 아트 마크먼(Art Markman)은 이러한 나의 행위가 시각적 자극을 차단하는 뇌의 방법 중 하나라고 했다. 시각의 소거 상태가 뇌의 산만함을 막아주면서 누군가의 이름을 떠올리거나 특정 냄새를 식별하는 것과 같은 중요한 일을 처리할 수 있게 돕는다는 것이다. 시칠리아 라구사에서 오렌지나무의 꽃향기를 맡으며 내가 아는 모든 시트러스 계열의 오일과 비교했다. 스위트오렌지, 만다린, 그레이프프룻, 라임, 레몬, 베르가못 그리고 과실은 아니지만 비터오렌지 꽃에서 추출한 네롤리와 비터오렌지 잎과 가지에서 추출한 페티그레인…. 그러나 액체의 점성에 갇히지 않은 향은 바람에 몸을 맡긴 채 한시도 가만히 있지 않았다. 잡힐 듯 말 듯 약을 올리는 나비 같다는 생각이 들 때 한국에 있는 몇 인물이 떠올랐다. 맛있는 음식을 먹고 두 번 다시 보지 못할 것 같은 애잔한 풍경을 볼 때도 별다른 생각이 없었는데, 어쩐지 이 향만은 함께 나누고 싶다는 생각이 들었다. 아마 그것이 불가능한 일임을 잘 알아서 눈감은 잠깐 사이에 잊고 있던 이름이 툭 튀어나왔나 보다.

◊

1919년 겨울, 뒤샹은 자신의 작품 컬렉터인 아렌스버그 부부에게 줄 선물을 준비했다. 파리에서 뉴욕으로 돌아가기 전 약국에 들러 앰풀을 산 뒤 약사에게 액체를 비우고 공기를 채워서 밀봉해달라고 요청했다. 그리곤 그 유리병에 〈파리의 공기 50cc〉라는 이름을 붙였다. 알퐁스 알레(Alphonse Allais)의 어느 소설에 미국인 가정이 여행 도중에 자신들이 챙겨온 고국의 공기를 마시는 장면이 있는데, 뒤샹이 그것에 영감을 받아 만든 것이었다. 누군가는 공기를 작품이라고 부르는 것에 혹은 그 이전에 선물이라고 부르는 것에 의아함을 느낄 수도 있겠다. 그렇지만 뒤샹은 뉴욕에 사는 부유한 부부가 돈으로 사지 못할 특별한 무언가를 궁리했다. 우리 주변에 너무나 당연히 존재함으로써 의식하지 못하는 공기에 '소유와 포장'이라는 새로운 관념을 부여하여 유일함을 마련한 것이다.

뒤샹이 준비한 선물과 마찬가지로, 내가 맡은 이탈리아의 오렌지나무 꽃향기 또한 유일무이하다고 할 수 있다. 그것은 한국에선 전혀 맡아볼 수 없다. 친구가 독일에서 산 이솝의 향수도 한국에서 같은 것을 산다고 해도 결국 다르다. 기성품의 향일지라도 그곳에서의 기억이 함유되어 있다면 전혀 다른 결과가 되기 때문이다. 철학자 한병철은 《시간의 향기》에서 "사물에서 기억을 제거하면 정보가 되고 더 나아가 상품이 된다"[2]고 말했다. 그가 정의하는 정보란, 무시간적이고 공허한 것. 나는 그 말의 안팎을 뒤집어 이렇게 말하고 싶다. 만약 사물에 기억이 포함되어 있다면, 그것은 더 이상 정보와 상품으로만 머물지 않을 것이며, 무시간이 아닌 명확한 시간의 기둥으로서 존재할 것이라고.

일상으로 복귀한 뒤 맡게 되는 여행지의 향은 멀리 있다. 거리와 시차의 간격만큼이나 멀리 있다. 멀리 있는 채로 가까이에 있다. 후각은 견인과 분리라는 대립 기능이 동시에 작용함으로써 복합적인 감정을 유발한다. 후각의 특출한 기억 능력은 나와 여행지와의 정서적 간격을 좁히지만, 동시에 나와 여행지 간의 물리적 거리를 재확인시킴으로써 유대와 같은 세기의 그리움을 생성한다. 지금의 나는 여기에 있지만, 향이 소환한 나는 아직 저기에 존재한다는 사실이 우리를 애달게 하는 것이다. 어쩌면 여행지에서 향을 기억하는 일은 그곳에 나를 단단히 심고 오는 것인지도 모른다. 그래서 이렇게나 그곳의 나를 되찾고 싶은 게 아닐까.

삶이 지루할 때면 지구 곳곳에 두고 온 나를 상상한다. 태국 라일레이 비치에서 점잖은 바람을 맞으며 단잠에 빠진 나, 홍콩의 낡은 숙소에서 안개 자욱한 마천루를 바라보는 나, 엑스 앙 프로방스에서 카바용 멜론의 주홍빛 속살을 가르는 나, 바르셀로나의 어느 골목에서 공중에 널린 빨래 사이를 지나가는 나. 어느새 나의 코는 스멀스멀 간지러워지고 그만 눈마저 감게 된다.

    이제는 정신의 여행인 것이다.

공동묘지의 쓰레기통은 아름답다

　해외살이에 대한 로망은 해외살이가 시작되자마자 반대가 되었다. 다양한 국적의 친구들과 팬시한 바에서 맥주나 와인 한잔씩 하는 저녁을 꿈꿨지만, 혼자 노트북 앞에서 대충 만든 파스타를 무감하게 먹는 나날이 이어졌다. 인종차별을 겪게 되면 반드시 코를 납작하게 해주겠다며 입이 닳도록 외운 욕도 막상 그 상황에 놓이자 하얗게 점멸하거니와 어느 때엔 그 해석마저 늦어 인종차별이었다는 사실을 뒤늦게 깨닫곤 했다. 무엇보다 떠나기 전 가장 기대했던 상상 속 내 모습은 여러 박물관과 갤러리를 오가며 한국에선 얻을 수 없는 영감과 인상을 가득 얻는 것이었다. 그러나 내가 자주 갔던 곳은 어떤 문화 공간도 아닌 공동묘지였다.

하필 공동묘지인 이유는 글쎄, 한국과 달리 이곳
공동묘지는 공원과 비슷했다. 실제로 공원 바로 옆에 붙어
있는 경우가 많았고, 어느 동네든지 걷다 보면 쉽게 발견할
수 있었다. 키 큰 나무와 벤치도 많아서 잠시 쉬어가기에
알맞았다. 번잡한 동네의 도로 바로 옆에 있는 묘지라 해도
그곳에 들어서면 하늘에서 정숙이라도 지시한 듯 소음이
차츰 잦아들었다. 노인이 많은 한적한 동네의 묘지를 걷고
있을 땐 작은 동물들이 움직이는 소리 외에 아무것도 들리지
않는 탓에 내 발소리가 크게 느껴졌다. 너무나 적요한
순간이 나의 존재를 서걱거리게 만든 것이다.

독일엔 쓰레기통이 참 많다. 모든 곳이 그런 건 아니지만
쓰레기통 주변으로 맥주병이나 담배꽁초가 다소 차분히
모여 있다. 또한 길을 걷다 보면 각종 옷, 책, 생활용품 등이
들어 있는 상자를 심심치 않게 볼 수 있다. '추 페르솅켄(Zu
verschenken)'이라는 무료 나눔 문화다. 나는 한번도 그것 중
무언가를 챙겨본 적 없지만, 이상하게 타인이 버린 것들에
관심이 많아 가만 들여다보곤 했다. 그것이 쓰레기라고
할지라도 누군가의 생을 다한 물건으로 삶을 추적하는
일은 언제나 재밌었으므로. 학원이나 가게에 가지 않으면
단 한번도 입을 열지 않는 나의 소심한 내부가 만든 대담한

취미였을 테다. 공동묘지의 쓰레기통을 살피게 된 것도
그때쯤이었다.

묘지를 방문할 때마다 내 머릿속을 맴도는 감상은
순함이었다. 아무리 악독한 사람도 눈을 감으면 유순해
보이기 때문일까. 내 무릎만 한 묘비들 사이를 천천히 걷다
보면 저 멀리 있던 죽음이 아주 가깝고 여리게 느껴졌다.
모퉁이 곳곳에 자리한 우물, 철조망에 걸려 있는 색색의
물뿌리개, 묘비 앞에 심긴 선명한 색의 꽃과 조화, 겁도 없이
땅에서 노니는 청설모를 보고 있으면 평화로운 정원 같기도
했다. 실제로 이곳 사람들은 정원을 가꾸듯 묘지를 돌보았다.
낮은 장화를 신고 무릎을 꿇은 채 열중한 사람을 보고
있으면 담담한 정원사 같았다. 죽음의 거주지에서 생명을
보는 기분이란! 한국의 묘지엔 울러 가는 것 같다면 이곳
사람들은 울음을 그치러 가는 듯했다. 죽음이 일상 공간과
멀지 않다는 점에서부터 삶의 단단함이 느껴졌다.

어린아이의 묘지 앞엔 두 번 다시 죽음이 넘보지
못하도록 울타리를 세워두었다. 공갈 젖꼭지, 곰 인형,
자동차 피규어, 웅크리고 있는 천사 석상이 잠든 아이를
지키고 있다. 공동묘지의 쓰레기는 이 정도다. 시든 꽃과

낙엽, 구겨진 휴지, 녹슨 오브제, 심지가 닳은 양초 따위. 햄버거 포장지나 누들 박스, 담배꽁초, 플라스틱 컵, 맥주병같이 욕망이 과속하는 쓰레기들은 볼 수 없다. 나 같은 묘지 산책자가 아니라면 고인을 기리는 사람들만이 참석하는 곳. 애도라는 필터로 걸러진 정화의 공간에선 쓰레기도 순하고 애틋한 것이다. 이곳엔 악취 따윈 없다. 아무렴.

내가 특별히 자주 가던 묘지엔 딱 한 사람만이 앉을 수 있는 벤치가 있었다. 그 벤치가 있는 구역은 다른 구역과 달리 묘비 하나만 덜렁 있어서인지 꼭 일 인분의 슬픔을 위한 무대 같았다. 나는 얼굴 모를 미망인의 자리를 빌려 친구가 보내준 원고를 읽거나 생각에 잠겼다. 그러다 오래전 환경미화원과 인터뷰를 했던 시간이 떠올랐다. 그날은 특별히 인천의 어느 공원에서 이야기를 나눴다. 항상 환경미화원들은 자판기 커피를 들고 왜 거리의 나직한 턱에 앉아 있는지 궁금했는데, 직업 특성상 실내에서 휴식할 수 없다는 것을 처음 알았다. 그와의 대화엔 그런 전복이 있었다. 새벽녘 비질을 하다가 시체를 발견했다는 일화도 놀라웠지만, 무엇보다 그의 쓰레기봉투에 벚꽃이 한가득 쌓여 있는 모습이 왠지 모를 생경한 감정을 가져다주었다.

버스를 타고 사무실로 돌아가는 길에 녹취 파일을 들으면서도 예상치 못한 경험을 했다. 대화 중간중간에 녹음된 아이들이 뛰어노는 소리와 새소리와 경적이 이상할 정도로 아름다웠던 것이다. 그런데 왜 하필 묘지에서 그날이 떠올랐을까.

아마 나는 은연중에 환경미화원을 그저 궂은 일하는 길 위의 노동자로 여겼던 듯싶다. 그렇기에 공동묘지의 쓰레기통에서 정화의 냄새를 발견했을 때처럼 그의 직업 환경이 은은한 충격으로 남은 게 아닐까. 생각해보면 환경미화원은 쓰레기라고 명명된 죽음을 주워 담음으로써 깨끗한 거리를 생산해내는 명쾌한 직업이다. 그리고 누구보다 일찍 집을 나서는 만큼 가장 먼저 계절의 아름다운 한때를 누리는 부유한 직업이란 생각도 든다. 내 기억이 맞다면 그는 자신의 직업을 사랑했다.

나는 이제 인터뷰를 마친 그때보다 그를 더 잘 이해한다. 아니 그를 보는 나를 더 잘 이해한다. 영화 〈애프터 양〉의 주인공 제이크 역시 안드로이드 양을 떠나보내며 나와 비슷한 여정을 거친다. 양을 내심 가족보다는 자신의 딸을 돌보는 로봇으로 여긴 제이크는 고장 난 양을 어떻게서든 복구하기 위해 그의 메모리까지 살피게 된다. 그 속엔 여러 주인을 만나며 겪은 죽음과 불행 사이로 조용히 손을 흔드는 장면들이 있다. 잠시 땅에서 쉬어가는 나비, 꽃잎을 컨페티마냥 뿌리는 아이, 살살 몸을 흔드는 나뭇잎, 그릇 위 먹다 남은 과일, 투명한 잔에서 느리게 부유하는 찻잎, 그리고 카메라 앞에 서 있는 세 명의 가족들…. 제이크가 눈물을 흘린 건 양에 대한 미안함과 더불어 일상의 평범한 환희를 뒤늦게 깨달았기 때문이다. 살아가지만 삶을 발견하는 사람은 드물다는, 환경미화원이 내게도 일러준 메시지다.

어떤 전언은 예약 문자와 같아서 보낸 이로부터 이르게 출발하고 받는 이에겐 뒤늦게 도착한다. 그러나 영영 받지 못하는 사람도 있다. 다행히 가까스로 메시지를 수신한 나는 공동묘지 쓰레기통에서 아름다움을 본다. 그리고 그것이 양의 기억과 다르지 않음을 발견한다.

이드라에서

소설가이자 싱어송라이터 레너드 코언(Leonord Cohen)이 살았다는 이드라(Hydra). 그곳은 그리스의 작은 섬이다. 나는 독일에서 그리스로 터를 옮긴 친구를 통해 이드라의 존재를 알게 됐다. 마침 아테네에서 2주 정도 머무르고 있었고, 며칠 날씨가 좋지 않아 우울해질 참이었다. 바다라도 보면 나아질까 싶어 짐을 챙겨 피레아스‡ 항구로 향했다. 《그리스인 조르바》 첫 장에 등장하는 항구가 바로 그곳이다. 나는 여러 문학의 후각 묘사 중 《그리스인 조르바》를 제일로 꼽기에 여러 번 읽었고, 그래서 피레아스를 익히 알고 있었다. "항구 도시 피레에프스에서 조르바를 처음 만났다. 나는 그때 항구에서 크레타 섬으로

‡ Piraeus. 과거엔 피레에프스(Piraiévs)라 불렸다.

가는 배를 기다리고 있었다. 날이 밝기 직전인데 밖에는 비가 내리고 있었다. 북아프리카에서 불어오는 시로코 바람이, 유리문을 닫았는데도 파도의 포말을 조그마한 카페 안으로 날렸다. 카페 안은 발효시킨 샐비어 술과 사람 냄새가 진동했다. 추운 날씨 탓에 사람들의 숨결은 김이 되어 유리창에 뽀얗게 서려 있었다."[3] 책에서 발견한 좋은 문장은 휴대폰으로 스캔하여 저장하는 버릇이 있는 나는 항구 앞 매점에서 싸구려 커피와 함께 카잔차키스의 강렬한 포문을 읽으며 이드라행 페리를 기다렸다. 가까스로 비를 참는 것처럼 하늘이 잔뜩 얼굴을 구겼다.

이드라의 첫인상은 평화로웠다. 자연경관을 보존하기 위해 세 대의 쓰레기 수거차를 제외하고 어떠한 차나 오토바이, 심지어 자전거도 오갈 수 없었다. 교통수단이라곤 수상 택시와 나귀뿐. 만 형태의 작은 항구에 몇 대의 배가 정박해 있었고, 그 주변으로 레스토랑, 카페, 식료품점, 기념품숍 등이 둘러싸고 있었다. 항구를 등지고 경사진 좁은 골목으로 들어서면 고만고만한 집들과 담장 위로 고개를 내민 레몬나무와 올리브나무, 돌계단 곳곳엔 나귀의 자취를 일러주는 되직한 똥들이 보였다. 이 섬엔 그렇다 할 명확한 주소가 없어서 숙소 주인이 그려준 약도를 따라 집에

도착했다. 짐을 내려놓고 본격적으로 걸을 준비를 했다. 이드라는 해안길이 잘 정돈되어 있다고 들었다.

   항구를 중심으로 길은 크게 왼쪽과 오른쪽으로 나뉘었다. 나는 조금 고민하다가 빛이 있는 오른쪽 길로 향했다. 이곳엔 고양이들이 많았다. 그러나 대부분 상태가 좋지 않았다. 개체 수에 비해 먹을 것이 부족하거니와 주로 레스토랑에서 짜고 단 음식을 얻어먹느라 그럴 터였다. 나는 동상 밑에 축 늘어진 고양이를 보고 있었다. 그때 언제 다가왔는지 모를 한 남자가 말을 걸었다. "여기 고양이들은 바이러스 때문에 특히 눈이 안 좋아. 저 앞에 배낭 멘 남자가 몇 년째 안약을 넣어주고 있지." 그나마 다행이라 여기며 남자와 인사를 나눴다. 넘실거리는 횟빛 머리칼에 배가 나온 남자의 첫인상은 아빠처럼 친근했다. 그는 프랑스인이고 주로 인도에서 일하지만 이즈음엔 늘 이드라에서 지낸다고 했다. 친한 친구가 이곳에 사는데 얼마 전엔 자신도 집을 구했다고. 자연스레 같이 걷자고 제안하는 남자에게 왜 안 되겠냐며 어깨를 으쓱였다. 사실 나는 혼자 걷고 싶었다. 그러나 여행길에서도 영어를 계속 말해 버릇해야 한다는 지긋한 압박이 있었기에 나도 모르게 승낙하고 만 것이다. 남자는 확실히 섬에 대해서 많이 아는 모양이었다.

걷는 동안 드문드문 보이는 건물을 가리키며 설명을
보탰다. 대피소같이 허름해 보이는 교회 앞에서 이 작은
섬에 300개가 넘는 교회가 있다고, 바다 바로 앞에 있는
단조로운 건물 앞에선 여긴 원래 오래된 도축장이었지만
DESTE라는 재단의 도움으로 매년 여름마다 전시 공간으로
쓰인다고 했다. 그리고 한참 뒤에 저 멀리 산 중턱에 있는
하얀 집 하나를 가리키며 말했다. "저기 원래 노인이 살았어.
한평생 이 섬에서 산 사람이었는데, 어느 날 자신의 집까지
갈 수 없을 정도로 기력이 쇠하자 배를 타고 바다에 나간
거야. 그리고 주머니에 돌을 가득 채운 채 빠졌지." 노인이
살았다는 집은 겨우 보일 만큼 아주 멀리 그리고 높이
있었다. 자신의 한계를 아는 사람은 생의 지도를 펼쳐놓고
삶과 죽음을 설계하곤 했으니, 나는 그 노인의 맹렬한
기세에 감탄할 수밖에 없었다. "꼭 버지니아 울프처럼
죽었네."

그가 해주는 이야기는 흥미로웠다. 어느 지방의 허름한
술집에서 주인장 아저씨의 다사다난한 사연을 듣는 것
같았다. 점점 바다와 멀어지고 비포장길이 나올 때쯤 남자는
자신의 이야기를 풀어내기 시작했다. 영화감독이었던 그는
문득 명상을 배워야겠다는 생각이 들어 한 구루를 찾아

인도로 갔다. 그런데 운명의 장난처럼 그 구루는 며칠 전 미국으로 떠난 상태였고, 할 수 없이 그보다 덜 유명한 선생에게 4년간 수련을 받았다. 그는 명상에 몹시 몰두한 상태였는데, 어느 날 알 수 없는 — 어쩌면 내가 알아듣지 못했을 — 병으로 건강이 몹시 악화되었다. 병원에서도 별다른 방도가 없다며 집으로 돌려보내는 상황이었다. 남자는 지인의 부축을 받으며 길을 걸었다. 그런데 어느 행색이 남루한 노인이 다가오더니 돌연 남자와 부딪히며 쓰러졌다. 그렇게 노인은 무력하게 죽었다. 그 이후로 남자는 건강을 되찾았고, 그것이 신기하여 주변 이들에게 전했더니 인도에선 그런 일이 종종 있다는 얘기를 들었다. 나는 미심쩍은 표정을 감추지 않은 채 물었다. "너는 진짜 죽음과 생명이 교환될 수 있다고 생각해?" 그는 인자한 미소를 지으며 믿음은 너에게 달려 있다고 말했다.

우리는 걷고 또 걸었다. 더는 나귀의 똥도 보이지 않을 만큼 멀리 오자 새로운 풍경이 열렸다. 흙바닥 양옆으로 보이는 거친 풀과 나뭇가지에 수십 개의 푸른 봉투가 걸려 있었다. 어떤 의례나 풍습 같은 것이라 여겨질 정도로 봉투가 수상히도 빼곡했다. 더 이상 길이 우리를 받아주지 않을 것 같은 느낌이 들었다. 그래도 걸었다. 바람을 타고 이상한 냄새가 풍겼다. 펄럭이는 봉투의 불길한 환영을 받으며 도착한 곳에선 연기가 피어올랐다. 산 위에 또 다른 작은 산이 있는 것처럼 절벽 앞에 쓰레기가 잔뜩 쌓여 타고 있었다. 재가 된 쓰레기는 맥없이 바다 아래로 떨어졌다. 갈매기들은 그 위를 오가느라 바빴다. 나는 매캐하고 불길한 냄새 때문에 코를 막았다. 섬에 자주 드나든 그도 처음 보는 장면이라 했다. 나중에 알게 된 일이지만 오랫동안 경제 위기를 겪은 그리스는 쓰레기 관리에 거의 손을 놓은 상태였다. 총39개의 불법 매립지 중 21개가 섬에 있고, 하필 내가 한 곳을 발견한 것이었다. 사람들은 그곳을 쓰레기 화산이라고 불렀다.

다소 충격적인 풍경을 뒤로하고 다시 항구를 향해 걸었다. 나는 왠지 모를 권태를 놀라울 정도로 차갑게 느끼며 말을 줄였다. 남자가 저녁을 함께 먹자고 제안했다. 숙소에 가서 쉬고 싶었지만 또 한 번 그러겠노라 답했다. 항구에 도착하여 레스토랑의 야외 좌석에 앉았을 땐 이미 해가 지고 있었다. 아까 본 풍경이 거짓처럼 이곳은 아주 평화로웠다. 각자 파스타와 음료를 시키고 간간이 대화를 이어나갔다. 멘탈 테라피스트인 남자는 주로 인도에서 지내지만, 그의 주된 고객은 프랑스인으로 화상 채팅을 통해

상담을 진행한다고 했다. 또한 돈 몇 푼이면 원하는 음식을 마음껏 먹고 청결이 유지되는 생활이 만족스럽다며 내게 인도의 저렴한 물가와 인건비를 침을 튀기며 구가했다. 나는 물었다. "너는 인도에서 깨달음을 얻고선 왜 인도 사람과는 상담하지 않니?" 답이 돌아왔다. "그야 돈이 되지 않으니까." 식사가 끝나자 자연스레 나의 몫까지 계산하려는 남자를 제지하고 내 몫을 남긴 채 자리에서 일어났다. 남자는 나와 집 가는 길이 같다며 쫓아왔다. 조악한 가로등에 의지해 돌계단을 빠르게 올랐다. 이제는 굳어 있는 나귀의 똥들이 드문드문 보였다. 뒤쫓아오던 남자가 내 숙소에서 차를 얻어 마시고 싶다고 했다. 고개를 돌려 남자의 눈과 마주했다. 코앞에서 남자의 땀 냄새가 잠시 고였다가 흩어졌다. 어쩌면 여행지에서 좋은 친구가 생길지도 모른다는 기대가 점점 잘못되고 있음을, 항구로 돌아가는 길에서부터 짐짓 알고 있었는지도 모른다. 그러나 아름다운 길목에서 끝내 걸음을 보태어 매립지를 마주한 것처럼 나는 어느 사람의 마지막에, 가볍고 깊숙한 진실에 다다르게 된 것이라고 생각했다. 이번엔 코는 막지 않고 등을 돌렸다. 믿음은 내게 있었으므로.

2장

홈타운

경기도
라면 가족

"가장 신성한 일은 자기 방문을 닫을 수 있는 일이다"라고 G. K. 체스터턴이 자신의 책《못생긴 것들에 대한 옹호》에서 영국의 어느 지도자의 말을 빌려 말한다. 그 책의 모든 내용에 동의하는 건 아니지만 그 인용만큼은 옳다고 여긴다. 다만 나는 그 문장에 '꼬옥'이라는 부사를 덧붙이고 싶다. 그러니까 "가장 신성한 일은 자기 방문을 꼬옥 닫을 수 있는 일"이라고.

우리 네 식구는 경기도 안양의 단층 아파트에서 살고 있다. 20평대이고 방은 세 개다. 할머니 방, 부모님 방, 그리고 내 방. 사실 내 방은 방이 아니다. 거실인데 지낼 때가 없어서 방처럼 쓰고 있다. 그래서 내 방만 요즘의 형식인 여닫이문이 아니라 미닫이문으로 되어 있다. 심지어 나무

홈이 낡아서인지 문이 제대로 닫히지 않아 가장자리로 미세한 틈이 생긴다. 그 틈 사이로 참 많은 것들이 새어 들어온다.

  누군가와 같이 산다는 건 교류를 원치 않아도 자동 동기화가 된다는 뜻이다. 특히 이렇게 작고 낡은 집에선 온갖 생활 소음, 뒷담(이건 일부러 들으라고 하는 것 같지만), 불빛, 질병 등이 문턱을 넘나든다. 그중 가장 괴로운 건 내가 먹지 않은 음식이나 먹고 싶지 않은 음식에 대한 냄새를 강제로 맡는 일이다. 아침에 커피와 빵으로 식사를 대신하는 나와 달리 우리 가족은 라면을 좋아해 아침부터 파나 떡을 넣고 간혹 만두까지 넣어 먹는다. 일부러 다채로운 향의 원두를 준비해보지만 라면의 자극적인 냄새 앞에서 무용지물이 된다. 자연히 미각의 감흥도 떨어진다. 상쾌하고 아름다울 뻔한 나의 아침엔 금이 가고 마지막 화룡정점처럼 문 너머로 면발을 흡입하는 소리와 얼큰한 추임새가 들려온다. 가끔 인생이 시트콤 같다는 생각을 한다.

  나는 청각, 후각, 촉각 면에서 특별히 예민한 유형에 해당하고, 부모님은 살아오며 무뎌해야만 했던 것인지 나보다는 대체로 무딘 듯하고, 할머니는 나이가 들면서 오감이 마모된 편이다. 그러니까 이 집안에서 나만 날이 서 있다는 뜻. 그러한 나를 보는 가족들은 어리둥절하거나 유난하다고 여긴다. 물론 나의 예민함이 때론 몸의 증상으로 나타난다는 것을 알고 배려해주지만, 이해하는 것은 아니어서 그 자신의 행위가 누군가의 불편함이 될 수 있다고는 생각하지 않는다. 사실 그들의 잘못도 아니다. 그들은 그저 사는 데 충실했을 뿐이다. 맹렬히 생활했을 뿐인데, 내가 괴로웠던 것이다.

그럼 혼자 살면 될 일이라고, 누군가는 말한다. 나도 그렇게 되면 모든 게 나아질 줄 알고 본가에서 아주 멀리 떨어진 곳으로 이사 간 적이 있다. 소문으로만 듣던 자유였다. 온갖 소음과 냄새의 고통에서 드디어 해방될 수 있다니! 나의 의지대로 모든 걸 통제할 수 있다니! 그러나 늦깎이 자취생이 한 가지 간과한 사실이 있었다. 독립의 설렘과 예민함이 식고 나면 허망과 우울함이 슬그머니 얼굴을 드러낸다는 사실을.

높은 예민함은 자극에 대한 잦은 반응을 뜻한다. 그런 자극이 사라지면 평온만이 남을 거라 생각하지만 도리어 시커먼 공허가 아가리를 벌린 채 나를 기다리고 있다. 추운 계절이 다가올수록 조용한 집에서, 언젠가부터 요리 냄새가 끊긴 거실에서, 가만히 앉아 있는 날이 많아졌다. 그즈음 내 집엔 그렇다 할 냄새가 나지 않았다. 디퓨저나 인센스도 사용하지 않았다. 냉장고에 좋아하는 식재료나 음식이 있었지만 이상하게 냄새를 자랑할 만한 건 없었다. 말하자면 아이스크림, 냉동 만두, 맥주, 오이, 당근, 땅콩 소스 같은 것. 김치는 좋아하지 않아서 둘 일이 없었고, 찌개가 먹고 싶을 땐 1인용 소스를 사면 될 일이어서 고추장이나 된장을 따로 두지 않았다. 맡고 싶지 않은 냄새를 맡을 일은 없었지만, 동시에 내가 잘 먹고 잘살고 있다는 흔적도 찾을 수 없었다. 그 당시 내 집의 물건들은 긴 세월을 약속하지 않는 것들뿐이었다. 언제나 버려질 준비를 하는 일회용 비닐우산 같은 것들. 아무것도 하지 않아서 아무 일도 일어나지 않는 상태는 무슨 일을 다짐하면 그 에너지가 끝까지 이어진다는 뜻이기도 했다. 완벽한 자유는 내게 밀폐된 공포나 다름없었다.

그리곤 깨달았다. 문틈으로 들어오던 가족들의 라면 냄새는 간간이 나를 삶으로 끌어들이는 회유의 역할을 했음을. 노크도 없이 내 삶에 벌컥 밀고 들어와선 그들 자신의 생활을 불쑥 끼워 넣는 행위로부터 나 안전하지 않았나. 해 질 무렵 아파트 단지에서 퍼지던 밥 짓는 냄새, 기나긴 복도를 가득 채우던 생선 굽는 냄새, 상가의 어느 상점에서 내놓은 그릇에서 풍기던 자장면 냄새, 시골 가는 길 드문드문 차 안으로 들어오던 주유소 냄새와 소똥 냄새, 킥보드를 타고 내리막길을 달리며 맡던 이름 모를 꽃 냄새, 놀이터에서 신나게 놀고 나면 손에 배던 철봉 냄새…. 이런 예상치 못한 냄새의 파편들이 나를 몰래몰래 길러왔음을 뒤늦게 깨달았다.

그리고 다시 경기도 작은 아파트. 여전히 괴롭다. 그러나 예전처럼 허기진 마음이 울컥 밀려오진 않는다. 그러할 새도 없이 가족들 하나둘 퇴근하여 자신의 냄새를 풀어놓기 때문이다. 오늘은 배턴터치라도 하듯 아침엔 할머니가, 저녁엔 아빠가 라면을 끓여 먹는다. 아빠의 라면엔 계란이 들어가지 않아서 공중에 퍼지는 냄새가 더욱 맵다. 가족끼리 작용하는 공기가 포화 상태에 이르면 균형이 유지되고 그것이 곧 가족 공기가 된다고 하던데, 그렇다면 우리 가족에겐 진라면 매운맛 냄새가 나려나.

배반적으로 들리겠지만 나는 이 시트콤에서 조연인 채로 조금 더 머물고 싶다. 그러나 자유에 좀먹히지 않을 것이라 자신할 때 다시 한번 용기 내야겠지. 그때가 되면 내 집에선 어떤 냄새가 날까.

당신의
　　반찬통 냄새

 당신의 감각은 하나둘 소등되어가고 있다. 가장 먼저
청각이 소멸한 당신은 모기가 옆에서 윙윙대는 것도,
이웃이 인사를 건네는 것도 모른다. 시력이 좋지 않은 탓에
상대방의 미묘한 표정을 알아채지 못해 눈치 없는 사람이
된다. 당신은 당신의 목소리가 얼마나 큰지, 현관문을 얼마나
세게 닫는지 알지 못한다. 그러나 가장 큰 문제는 당신의
후각 쇠퇴다. 입맛을 잃었을 뿐만 아니라 냄새마저 잘 맡지
못한다. 당신이 올려놓은 찌개가 바싹 졸아 냄비 바닥에
눌어붙어 새까맣게 탈 때까지 당신은 아무것도 모른 채
볼륨이 0인 상태의 티브이를 본다. 집으로 돌아온 당신의
손녀는 서둘러 가스 불을 끄고 화가 난 상태로 당신의 방에
찾아간다. 그러나 당신은 당신의 손녀가 온 소리조차 듣지
못한다. 입을 뻐끔거리다 이내 할 말을 삼킨 당신의 손녀는

그저 불이 나기 직전에 가까스로 가스 밸브를 잠그는 꿈을 꿀 뿐이다.

예전과 달리 당신은 당신의 손녀에게 화려하거나 주체적인 여성이 되지 못한다. 젊을 당시 당신은 코발트블루 투피스에 검정 에나멜 구두를 신고 새빨간 루주를 칠했다. 당신은 멋쟁이였고 일하는 여성이었다. 이제 당신의 손녀는 당신에 대해 '모른다', '이해하지 못한다'라는 무지의 표현으로 당신을 점철시킨다. 당신은 당신의 손녀를 엄마 대신 키운 사람. 그러나 결국 엄마는 아니어서 서로 간에 한 세대만큼의 간격이 놓여 있다. 당신의 손녀는 엄마만큼 당신에 대해 생각하지도, 미워하지도 않는다. 그래서 당신을 그 무력한 자리에서 끄집어내려는 노력 없이 방관자로서 끝내 지켜보기만 한다.

당신의 손녀는 종종 당신 앞에서 들키지 않을 만큼 숨을 참고 뒤에서 몰아 쉰다. 건조하지만 노릿하고, 무언가 켜켜이 층을 이룬 냄새. 그것은 순환하지 않고 신체 어딘가에 고여 있다. 학자들은 그 독특한 냄새를 풍기는 물질을 '노넨알데하이드(nonenaldehyde)'라고 일컫는다. 사람들은 간략하게 '노인네 냄새'라고 부른다. 언젠가 당신의 손녀도

갖게 될 그 냄새는 아직 당신의 손녀가 새파란 것이어서 더욱 진하고 강력하게 느껴진다. 그러나 당신의 냄새는 단순히 노인네 냄새라고 표현하기엔 미묘한 지점이 있다. 당신의 손녀는 그것을 정확히 표현할 단어를 오랫동안 골몰해왔다. 그러다 자취를 시도했던 어느 과거에 반찬통 냄새를 확인하다가 당신을 떠올렸다. 여러 반찬의 흔적이 겹겹이 쌓여 하나의 통합적인 기록으로 탄생한 낡고 누런 락앤락 냄새.

사실 당신에게 반찬통 냄새는 당연하다. 당신은 젊었을 때 병원 구내식당에서 밥을 만들어 배식하는 일을 했고, 그 이후로 당신의 딸 대신 두 손녀와 사위의 밥을 십몇 년간 책임졌고, 집안이 손쓸 수 없을 정도로 어려워지자 일흔 다 넘어 어느 친척이 운영하는 용인의 한 공장에서 일꾼들을 위한 밥을 또 지어야 했다. 다시 집으로 돌아왔을 때 밥이라곤 하지 않았다. 그놈의 밥. 당신은 이제 밥을 하는 것뿐만 아니라 먹는 것도 지겹다. 늘 밥 한 덩어리에 물을 말아 김치랑 먹을 뿐이다. 그럼에도 당신에겐 반찬 냄새가 가시질 않는다. 당신은 남편 없이 네 남매의 생계를 책임져야 했던, 그중 둘째 딸 가족의 식사까지 담당해야 했던, 끊임없이 음식을 담고 비우고 나르며 어떻게든 기능해야만 했던 용기이자 여러 식구의 삶을 보존하던 가옥 그 자체였기에, 그토록 오래 냄새의 지층을 지닌 건지도 모른다. 그러니까 그것은 당신이 지나온 삶이다. 이제껏 당신에게 밴 냄새다. 현재의 당신이다.

당신의 손녀는 당신의 냄새를 극복해야 하는 무엇으로 여기는 자신에게 실망한다. 먹여 살리느라 손에 스민 반찬 냄새를, 그 흡착에 일조했으면서 코의 어쩔 수 없음에 의탁하는 자신을 경멸하는 동시에 옹호한다. 그렇기에 당신의 감각이 차례대로 눈을 감는 일은 자연스러운 순응인지도 모른다. 리베카 솔닛(Rebecca Solnit)에 의하면 거북이는 극에 달하는 스트레스를 받으면 생명의 위험에도 불구하고 체내의 모든 수분을 빼낸다. 지구온난화를 감지한 산호는 화려한 색을 잃고 창백하게 표백된 채로 굳어간다. 스발바르 순록은 혹한기가 되면 동면이 아닌 움직임을 아예 멈추는 방식을 택한다. 그렇다면 너무나 오래 조용한 경멸과 소외에 노출된 당신은 여느 동물과 같이 체념의 한 방식으로 당신 감각을 하나둘 소등시키는 게 아닌가. 어느 날 당신은 집에 아무도 없는 줄 알고 참으로 홀가분하게 말했다.

"다 살았다!"

그 얘기를 가만히 방에서 듣고 있던 당신의 손녀는 그날 밤 가스 밸브를 잠그는 데 실패하고 말았다.

내 안의 에바

 엄마의 배 속에서부터 일찍이 완성되고, 나이가 들면 알츠하이머 치매의 전조 증상 중 하나로 빠르게 퇴화하는 것이 후각이다. 이 문장을 곱씹으면 곱씹을수록 이상한 기분이 든다. 인간에게 있어 후각이 몹시 중요한 것 같으면서도 별로 중요하지 않은 것처럼 느껴지기 때문이다. 분명 탄생 과정에 있어 주요한 생존 역할을 하지만, 죽음과 가까워지는 나이가 되면 나무가 불필요한 나뭇잎을 떨어뜨리듯 비교적 쉽게 탈락되고 마는 이 감각이 못내 흥미롭다.

 태아는 15주가 지나면 엄마의 양수 속 냄새를 맡고, 태어난 지 일주일 정도가 지났을 때 엄마의 모유 냄새를 구별한다. 생후 3개월은 지나야 아주 기본적인 시각 기능을 갖추는 반면 후각은 배 속에서부터 훈련이 시작된 덕분에 다른 감각보다 기민한 상태로 세상과 마주한다. 내 둘째 조카를 보면 이를 알 수 있다. 나와 언니는 제법 닮았음에도 태어난 지 이제 막 4개월 된 조카는 내게 안겨 분유를 먹고 있으면서도 고개는 늘 언니에게 향해 있다. 그 같잖은 본능에 '네가 뭘 알아?' 하며 몰래 웃지만 동시에 묘한 안타까움이 피어오른다. '이로써 네게도 잊지 못할 냄새가 생겼구나' 하는 경험자의 혼잣말.

당연하게도 나는 최초의 엄마 냄새를 기억하지 못한다. 다만 그 냄새를 맡고 자랐다는 감각을 여운으로 인지하고 있다. 실수로 사탕을 삼킨 후 흔적처럼 누구에게도 증명할 수 없고 오로지 나와 내 몸만이 아는 비밀의 터널이 된다. 그 어렴풋함을 추적하다 보면 엄마의 냄새는 예나 지금이나 크게 다르지 않을 것이라는 가정에 이른다. 명확한 근거는 없다. 나는 그냥 엄마의 냄새에 반응하도록 태어난 사람이다.

조금 더 크고 나서 내가 정의한 엄마의 레시피는 이렇다. 참존이나 설화수 같은 국내 화장품 냄새, 손가락 사이 같은 은밀한 곳에서 나는 요구르트 냄새, 갓 뚜껑을 열었을 때 나는 전기밥솥 냄새, 가끔은 나프탈렌이나 파마

약품 냄새가 섞여 엄마가 완성된다. 그러나 그 냄새를
신속히 알아본다고 해서 엄마를 좋아한다는 뜻은 아니다.
싫어한다는 뜻도 아니다. 엄마와 나의 관계를 애증이라고
부를 수 있을지 확신할 수 없다. 만약 엄마에게 엄마 냄새가
나지 않았다면 어땠을까? 나는 줄곧 소설《케빈에 대하여》를
떠올린다. 이런 장면이 있다. 주인공 에바가 아들 케빈에게
젖을 물리려고 하자 케빈이 완고하게 거부한다. 에바는
생각한다. "감정적으로 받아들이지 말았어야 하는 걸 알아.
하지만 어떻게 감정적으로 받아들이지 않을 수 있지? 케빈이
거부했던 건 엄마의 젖이 아니라 엄마였는데. (…) 아기들은
대단한 직관력을 갖고 있고, 직관력은 아기가 가진 모든
것이니까. 난 케빈이 내 품에서 숨길 수 없는 뻣뻣함을
알아챌 수 있었다고 확신해."[4] 임신이 떠밀려 한 숙제나
다름없고, 그 과정 또한 끔찍한 공포였으며, 결국 출산의
순간에도 어떠한 감동도 없었다는 사실을 모두 숨겨야 했던
에바에게 보통의 엄마 냄새가 날 수 없었으리라. 그리고
케빈은 분명 배 속에서부터 에바의 비밀을 속속들이 맡았을
것이다. 자신의 존재에 대한 모체의 불안과 고통 그리고
불쾌함까지도. 케빈에게 양분이란 그런 것이었으니, 어떤
부분에서 두 모자는 집요하게 연결되어 있었다. 그것이
보편적 관계의 모양새는 아니더라도.

우리 부모는 내게 적당한 사랑과 결핍을 주었다. 우리 엄마는 에바가 아니다. 나도 케빈이 아니다. 그렇지만 스스로가 에바가 될 것 같다는 불안을 떨칠 수 없다. 나는 엄마의 냄새로 겨우 관계를 유지하면서도 실은 그것이 꼭 부모와 자식 간의 불가항력적인 계약 조항처럼 느껴진다. 냄새를 공유한 이상 부모는 맹목적인 사랑을 주는 역할로서, 자식은 그것을 받고 돌려주는 역할로서 몇십 년에 걸쳐 기나긴 극을 이어나가는 것 같다. 나는 부모의 사랑을 돌려줄 마음이 없는 자신이 무서워 무대에서 내려온 사람이다. 나의 몫을 언니가 대신해주길 바라면서 멀리 떠나지도 않고 커튼 뒤에서 서성인다. 비겁하게 완전히 가족을 잃지도 않는다.

백 개의 다이소 머리끈, 커다란 양배추, 코스트코 빵 묶음, 원 플러스 원 우유. 나는 이런 것에서마저 삶의 압박을 느낀다. 이른 시일 내에 모두 해치워야 할 것만 같은 숨 막히는 책임감. 서랍 속에서, 냉장고 안에서 나를 기다리는 그것들과 눈이 마주칠 때면 나는 삶이 그만 거북해진다. 그 때문에 부모에게 돌려줘야 하는 것들에 유통기한이 있는 걸 알지만 좀처럼 실행하지 못한다. 어쩌면 삭아가고 이내 썩길 바라는 것 같다. 내게 몇십 년 동안 묵묵히 나를 길러낸 여인이 있고, 그 여인은 무슨 일이 있어도 나를 사랑할 거라는 사실이 내게 왜 두려움이 되는지 솔직하게 말하지 못한다. 희생으로 견뎌온 사람에게 그 모습이 나의 미래가 될까봐 무섭다고, 사실상 나는 당신이 아니라 미래의 나로부터 도망가는 중이라고 말하지 못한다. 그것은 화목한 가정과 도덕을 유지하려는 사회에 대한 말대꾸이자 우리 사이의 계약 위반을 뜻하므로.

그러나 엄마는 좀처럼 나를 포기하지 않는다. 가족이 서먹한 나를 잘 알아서 내가 무방비할 때 공략한다. 잠에 빠져 있거나 아플 때 불시에 껴안는 것이다. 절대적으로 엄마와 거리를 두는 내가 엄마의 냄새를 맡는 순간이다. 어깨너머로 숨을 크게 들이쉰다. 어느 다큐멘터리의 한 장면이 떠오른다. 자폐증을 앓는 한 아이는 일상생활을 하다가 갑자기 양손을 퍼덕이곤 하는데, 그의 엄마가 설명하길 그 행위로써 자신이 살아있음을 확인한다고 했다. 나는 그 애가 손을 퍼덕이듯 엄마의 냄새를 맡음으로써 언제나 무의식적으로 행해지던 호흡을 돌연 인지한다. 그 순간엔 코로 들어오는 공기와 입으로 내뱉는 숨이 무척 생생하게 느껴져 누군가 내 삶을 잠시 느리게 재생시킨 것만 같다. 마치 놀이에서 져주려는 술래처럼, 후회하지 않을 기회를 주는 신의 아량처럼 그렇게 느리다. 내게 엄마가 엄마로 기능하는 시간이다.

 엄마는 그걸 아는 걸까? 엄마의 냄새는 엄마와 함께 늙어가지 않는다. 엄마 냄새엔 방부제가 있다. 자신이 가진 냄새가 유일한 보루인 양 엄마는 내가 가족과 멀어지려고 시도할 때마다 그 구겨진 계약서를 들이민다. 냄새에 대한 응답을 포기한 자를 향한 처절한 협박. 너는 영원한 내 아기이자, 내 것. 잊지 말길. 나는 엄마의 냄새에 반응하기 위해 태어났다. 나의 조카처럼.

 이제는 세상에 태어나기도 전에 이르게 완성되었다가 치매가 찾아왔을 때 기다렸다는 듯이 소멸하는 후각의 속성을 이해할 수 있다. 우리 몸이 망각으로 향하는 최적의 준비는 삶을 지탱했던 냄새들을 먼저 말소시키는 것이다. 더 이상 아무도 그립지 않고, 그 무엇도 애틋하지 않도록. 소환하고 소환되며 서로의 기억을 책임져야 했던 고단함에서 벗어나도록. 냄새라는 열쇠와 코라는 자물쇠가 존재하는 한 우리는 아무것도 잃을 수 없으므로 몸이 먼저 보내줄 때를 알고 후각의 기능을 멈추는 것이리라. 그래서 나는 앞서 안다. 기억의 절벽 끝에 도달하게 됐을 때 내가 가장 먼저 잊게 되는 것은 엄마일 것을.

학의천에선
학 난다

오래전부터 나는 내가 사는 지역만큼 자란다고 생각했다. 그래서 내가 가진 애매한 정체성도 지역 탓이라고 여겼다. 엄마가 이 얘기를 듣는다면 또 남 탓한다고 한소리 하겠지만 나는 아직도 그렇다고 생각한다. 식물이 토양과 바람에 영향을 받듯 나 또한 분명 경기도 안양이라는 지역의 영양과 공해를 먹으며 그 풍경과 비슷한 모양새로 자랐을 것이다. 그래서인지 내게 '개천에서 용 난다'란 속담은 늘 기적에 앞서 생태계 교란 현상으로 해석되어진다.

모든 지역은 서울과의 비교에서 벗어날 수 없다. 그러나 유독 안양은 수도권이라는 이유만으로 잘나가는 친척을 둔 것처럼 서울과 늘 비교당한다. 서울과의 애매한 거리 때문에 서울의 얼굴을 곧잘 흉내 내면서도 정서만큼은 따라가지 못한다는 사실을 안양 그 자신도 알고 있다. 안양 하면 번뜩 떠오르는 특산물과 명소가 없는 건 그러한 격차에 의한 자연스러운 결과일지도 모른다.

나는 성인이 된 직후부터 지금까지 서울의 인프라(직장, 문화, 사회적 관계)를 어렵지 않게 누리고 있다. 그렇지만 결국 내가 돌아오는 곳은 경기도로, 서울시에서 과천시로 진입한 순간 익숙한 풍경을 보고 안도하는 스스로를 의식하며 — 특히 새벽에 택시를 타고 올 때 — 새삼 서울에서 긴장했다는 사실을 깨닫곤 한다. 하루 중 잠자고, 씻고, 먹는 시간을 뺀 나머지를 모두 서울에서 보내는데도 나의 정신은 곧 죽어도 자신의 홈타운을 남쪽이라 가리키는 것이다. 그래서인지 경기도 사람들은 집착적이리만큼 귀가 본능을 가지고 있다. 차라리 아예 먼 지방에 산다면 귀가를 포기할 테지만, 이 지역 사람들은 서울과의 애매한 거리에 희망을 걸고 막차에 운명을 맡긴다. 드라마 〈나의 해방일지〉를 본 사람이라면 어느 정도 이해가 될 것이다(나는 보지 않았는데 서울 사람들이 그게 진짜냐고 많이 물어보는 걸 보니 대충 알 것 같다).

안양도 서울의 평범한 풍경처럼 백화점, IT타워, 좁고 높은 브랜드 아파트 단지들로 구성되어 있다. 그러나 동네 구석구석을 살펴보면 조용히 자리 잡은 수상한 공간도 많다. 우리 동네를 예로 들자면 택견, 태평소, 차차차 스튜디오 같은 곳으로 돈을 벌겠다는 목적보다도 주인장의 취미 확장을 위해 탄생한 듯한 공간들이다. 그런 데는 지도에 등록되어 있지도 않아서 길을 지나가다가 우연히 발견할 수 있다.

또 우리 동네엔 학의천이라는 천이 있다. 그 물길을 따라 걷다 보면 백운호수도 만나고 방향을 틀어 쭉 걷다 보면 청계사에도 도달할 수 있다. 청계산 남쪽 자락에 있는 청계사로 오르는 길은 나무 데크로 잘 정비되어 있고, 양옆으로 메타세쿼이아가 이어져 있어 아름답다. 나는 딱 이 정도의 자연이 좋다. 아마도 이 또한 경기도에서 자란 이의 자연 감수성의 한계일 텐데, 여행이라면 모를까 나는 대자연의 품에서 살고 싶진 않다. 어느 정도 사람 손이 닿은 산책길과 낮은 건물들 사이로 멀리 산등성이를 볼 수 있는 것으로 만족한다.

5월은 내가 만족을 넘어서 행복과 가까운 나날을 보낼 때다. 보통 주말 아침이나 낮에 산책하는 편이지만 그즈음엔 평일과 주말 상관없이 해가 모두 지고 나면 스멀스멀 학의천으로 나온다. 천이 있는 곳은 일반 평지보다 지형이 낮을 수밖에 없기에 도로변 나무들이 더 높고 드라마틱하게 느껴진다. 가로등 불빛도 그 신비로운 분위기에 보탬이 된다. 그러나 워낙 나무들이 무성하게 자라는 시기인지라 어느 곳은 위험 직전의 수준으로만 불빛이 보인다. 그런 순간엔 내가 얼마나 밤과 서먹한 사이인지 알게 된다. 어둠 아래 놓인 꽃도 생소한 푸름으로 보이고, 둥그런 형태를 갖춘 모든 것은 웅크린 짐승처럼 보여 흠칫 놀라게 된다. 무엇보다 강물에 비치는 아파트 단지의 불빛마저 아름답게 보이는 환각에 이르게 된다. 하지만 이 야외무대의 가장 큰 장치는 향이다. 나는 걸음 속도가 비슷한 어느 여성과 나란히 걷다가 놀라울 정도로 똑같은 시점에 고개를 들어 올린 적이 있다. 그리고 무언가를 찾는 듯 두리번거렸다. 확인하진 않았지만 아마 그도 분명 나와 같이 코를 벌름거렸을 것이다. 어디선가 달콤하면서도 신비로운 향이 흐르고 있었다. 혼자만의 은밀한 경쟁자였던 그에게 순위를 양보하고 홀로 멈춰 서서 주변을 기웃댔다. 어둠 속에서 희끗희끗한 것이 보일까 말까 한 찰나에 고개를 더욱 뻗어 가로등 아래를 살폈다. 가지가 한껏 휘어질 정도로 풍성하게 피어난 아카시꽃이 보였다. 그렇게 몇 미터가량 출렁이는 하얀 커튼 아래를 지나쳤다. 황홀했다.

경기도 안양에서 나는 주로 이런 것들을 양분 삼아 살아간다. 물론 이렇게 아름다운 향기만 존재하는 건 아니다. 동네 주변엔 악취로 인한 민원으로 기사까지 난 식품 공장이 있다. 나는 이런 특징들이 모여 지역별로 특유의 냄새가 있을 거라 짐작한다. 경기도 안에서도 여주, 안산, 가평, 수원 등은 각기 다른 냄새를 지니고 있을 테다. 독일에 있을 때 부유한 노인들이 살던 동네엔 아침마다 서늘한 숲 내음이, 집값이 싼 동네에선 유독 터키 음식 냄새가 풍겼는데 그 특징 또한 우연이 아니라고 생각한다. 아주 일찍이 일본 환경청은 일본 각지의 자연, 문화, 생활을 대표하는 향기 풍경 100선을 소개하기도 했다. 지역별 냄새가 있다면 당연히 나라별 냄새도 존재할 것이다. 미국에 가보지 않은 사람도 미국 냄새를 짐작할 수 있고, 태국처럼 열대 기후를 가진 나라만의 습한 냄새와 매연 냄새에도 공감할 수 있다. 우리가 마주하는 풍경엔 반드시 그것과 조응하는 냄새가 있고, 우리는 그것을 맡고 살아간다. 그러나 너무나 오래 시각과 청각에 의존해 현상을 식별해왔기에 일상 속 풍경의 냄새를 특별히 인지하지 못하는 게 아닐까.

◊

　페터 춤토어(Peter Zumthor)라는 건축가가 있다. 나는 내가 왜 유독 그의 건축에 반응하는지, 지난 동네에서 보낸 경험을 바탕으로 유추해보았다.

　춤토어는 오감을 일깨우는 건축물을 짓는 사람으로 그의 작업 과정에 '분위기'가 압도적으로 중요하다. 분위기(Atmosphere)의 어원은 그리스어 증기(atmós)와 구체(sphaîra)가 합쳐진 것으로 지구를 둘러싼 공기, 좁게는 공간을 감도는 느낌이라 해석할 수 있다.

　분위기는 현상 그 자체로만 해석될 순 없고, 반드시 우리의 다중 감각을 통과해야만 읽힐 수 있는 무엇이다. 왜냐하면 분위기를 구성하는 요소는 딱 한 가지가 아니라 복합적이고 총체적인 것으로 이뤄졌기 때문이다. 신의 입김이라 불렸던 영감도 안개 같은 불투명한 인상에서부터 시작된다는 점에서 분위기와 비슷하지만, 영감이 번뜩 존재를 드러낸다면(뱉어짐) 분위기는 서서히 부드럽게 내보인다는(새어나옴) 차이가 있다.

　춤토어는 분위기를 눈으로 파악하기보다 흡수한다. 그다음 건축물로 표현하여 사용자에게 돌려보낸다. 그런

그에게 오로지 시각에만 헌신한 건축물은 평면적일
것이다. 건축물도 숨을 내뿜어 냄새를 발산하고 시간에
따른 뼛소리와 낯빛을 내보인다는 사실을 잘 알고 있기에
그는 다른 차원의 건축을 선보인다. 더 나아가 그는
건축이 지역 안에서 무엇이 되고 싶은지 묻는다. "이 집은
현재의 대지에서, 도로변에서, 교외에서, 허름한 지역에서,
너도밤나무가 빽빽한 언덕에서, 항공기가 지나가는
지역에서, 호반에서, 숲이 만든 그늘 아래에서 무엇이 되고
싶을까?"[5] 그의 건축이 어느 날 번뜩 세워진 것이 아니라
축적된 시간에 따라 서서히 생성된 것처럼 느껴지는 것은
그가 자신의 건축을 지역 안에서 잘 어우러지도록 그곳에서
나는 것들(나무, 흙, 암석, 벽돌 등)로 옷을 지어 입혔기
때문이다. 마치 새로 전학 온 아이가 잘 적응하도록 돕는
것처럼. 그렇게 그의 건축은 자연스럽게 마을의 일원이 된다.

    춤토어는 스위스에서 건축을 하고 나는 경기도에서
글을 쓴다. 우리는 각자의 대지에서 흡수한 것들을 토대로
무언가를 만든다. 물론 그 결과는 무척 다르다. 그는
프리츠커상과 영국 왕립건축가협회에서 로열 골드 메달을
수상했고 나는 글쎄…. 세탁소의 따뜻하고 깨끗한 냄새,
지나칠 때마다 긴장하게 하는 건강원의 미스테리한 냄새,

소박한 절에서 나는 향나무 냄새, 오래된 호프집의 나무 바닥 냄새 등을 꼼꼼히 맡으며 살아간다. 동네의 이런 냄새들을 간직해서 무엇하냐고 묻는다면 사실 할 말은 없다. 조용히 이 글을 내밀 뿐이다. 이제 와 고백할 것도 없지만, 이 글은 경기도 안양만큼의 글이다. 내가 가진 것에서 더 멀리 나아가지도, 좁아지지도 않는 그런 글.

학의천의 이름은 '학이 있는 고개'라는 뜻의 학현(鶴峴)에 기원한다. 나는 내가 용이 아니라 고작해야 학인 것이 마음에 든다.

섬유유연제와
흰 운동화

아빠의 직업을 뭐라 정의할 수 있을까. 젊을 때 페인트 회사에서 일하는 직원이었다가 가장이 된 후 인천 차이나타운 앞에서 페인트 가게를 운영하는 사장님이었다가 사업이 망한 뒤로 누군가의 밑에서 페인트칠하는 사람이 되었다. 본인 말로는 그냥 인부가 아니라 작업반장이라고 하는데, 일을 마치고 집으로 돌아오는 모습을 보면 반장인지 아닌지 짐작할 수 없다. 속눈썹과 귓바퀴, 손톱 사이 등 연약한 곳까지 페인트가 묻어 있을뿐더러 매번 갖가지 상처를 달고 온다. 나는 이 남자에 대해 입을 열어야 할 때면, 몇십 년간 페인트를 업으로 삼으면서도 청결에 민감한 사람이라고 표현한다.

처음엔 그것이 아이러니하다고 느꼈다. 페인트야말로

두통과 구역질을 유발하는 화학 냄새의 표본이고, 그것이 아니더라도 아빠의 말에 의하면 함께 일하는 일꾼들과 트럭을 타면 곤욕일 정도로 지독한 땀 냄새에 늘 노출되어 있으므로, 그런 환경에 익숙해진다면 사람 또한 환경을 닮아갈 것이라 짐작했던 것이다. 그러나 시간이 지날수록 아빠는 점점 더 빨래 냄새에 신경 쓰고, 신을 일이 많지 않은 흰 운동화를 하나둘 모았다. 쉬는 날이면 시사 프로그램 〈나는 자연인이다〉를 티브이와 노트북으로 보면서 내게 언젠가 그들처럼 살고 싶다고 했다.

아빠가 가장 싫어하는 냄새는 빨래의 쉰내다. 그것은 여간해서 사라지지 않는다. 한번 옷감에 배면 아무리 섬유유연제를 많이 넣는다고 한들 소용없다. 오히려 냄새가 혼합되어 더욱 역겹게 느껴진다. 성정이 순한 아빠가 엄마에게 짜증을 부릴 때는 여름철 작업복에서 그러한 냄새가 나는 경우다. 그러나 아빠는 자신의 작업복이 걸레와 함께 빨아진다는 사실엔 화를 내진 않는다. 빨래 바구니가 아닌 베란다 타일에 홀로 분리된 작업복에 대해서도 말이 없다. 몇 계절 열심히 돌보았지만 끝내 죽게 된 식물보다, 방치했음에도 꿋꿋이 살아있는 식물에 더 마음을 쓰게 된 건 순전히 아빠 때문이다.

아빠는 자의든 타의든 페인트 냄새를 택했다. 그 말은 자의든 타의든 집안 냄새를 택하지 않았다는 뜻이기도 하다. 나는 아빠에게서 가정의 냄새가 나는 모습을 상상할 수 없다. 아빠는 손자들을 대할 때 마치 단 한번도 아이를 가져본 적 없는 사람처럼 행동했다. 안는 것은 물론이거니와 놀아주는 법을 전혀 몰랐다. 나는 그런 아빠를 보면서 늘 단품이었던 세 가족의 사진을 떠올렸다. 원망은 아니었다. 지난날 사회가 종용하고 개인이 수용했던 가장이라는 역할이 지금의 결과로 돌아왔으니, 우리 가족은 서로가 가해자이자 피해자인 셈이었다. 아빠는 여전히 다른 집안일보다도 설거지하는 스스로의 모습을 싫어했고, 나는 어쩌다 한낮에 집에 있는 아빠의 모습을 보면 오배송된 택배라도 받은 것 같은 불편한 이물감을 느꼈다. 아빠도 나도 아빠의 자리가 집이 아님을 본능처럼 아는 듯했다.

◊

아빠는 마음이 여리다. 어른을 공경할 줄 알며 자신보다 어려운 사람을 도울 줄 안다. 걱정을 홀로 껴안아도 그것을 남에게 나누는 것을 싫어한다. 그런 점에서 아빠와 나는 잘 맞았다. 엄마는 이런 부녀를 보며 곰이랑 사는 것 같다고,

좀처럼 자신의 감정을 표현하지 않는 우리를 답답해했다. 그러면 우리는 말을 더 아꼈다.

아빠와 내가 다른 점이 있다면 아빠는 근면한 사람이라는 것이다. 아빠는 늘 오전 4시 반에 일어나 영양제를 먹고 10분 만에 샤워를 마치고 집을 나선다. 언젠가 나는 밤을 꼴딱 새우고 아빠를 몰래 뒤따라 나온 적이 있다. 겨울이었고 아빠는 스타렉스의 시동을 켜고 차가 제 온도를 찾을 때까지 기다리고 있었다. 나는 공용 주차장에 홀로 불 켜진 차 안에서 장갑을 끼고 있는 아빠를 보며 목적지가 어딘지도 모르면서 아빠가 아주 멀리, 멀리 떠나는 것이라 생각했다. 근교나 지방이 아닌, 그렇다고 섬도 아닌, 아직 번지수도 없이 설익은 공사장 속으로. 스타렉스의 창을 두드렸다. 창문이 내려가고 아빠는 놀란 기색도 없이 또 잠을 못 잔 것이냐며 다 큰 딸의 볼을 어루만졌다. 그러고선 인부들이 기다린다며 서둘러 떠났다. 나는 집으로 돌아오면서, 어느 인간의 아침이 이렇게 캄캄할 때 시작되어도 되나, 생각했다.

뇌와 종교의 기원을 다룬 책《뇌의 진화, 신의 출현》에선 초기 인류 호모하빌리스에 대해 이렇게 정의한다.

"그들의 뇌는 허기나 공포 같은 것에 의해 움직였지만 그들의 마음은 이에 수반되는 느낌을 의식하지 못했으며, 그들의 뇌는 수의적 행동을 통제했지만 그들의 마음은 이에 수반되는 자유의지를 의식하지 못했다…. 그래서 이 조상 동물들은 자기 자신의 행동에 대한 내면의 설명에 완전히 무지한 채로 살았다."[6] 가정을 책임지는 역할을 맡았지만 정작 가족의 주요한 기억엔 부재한 이 특이한 구성원은 호모하빌리스와 닮은 구석이 있다. 자신의 감정 따위는 새벽녘 출근길처럼 빠르게 추스르며 나아가야만 했기에 그는 자신이 무얼 어떻게 좋아하는지 잘 모른다. 그가 카페에서 녹차라떼만 주문하는 이유는 두 딸이 알려준 최초이자 마지막 메뉴이기 때문이다. 그가 고집하는 섬유유연제와 흰 운동화도 선호라기보다 불호를 가리는 포장지에 가깝다.

아빠는 언젠가 엄마와 화장품을 사러온 백화점에서 몰래 향수를 시향해보다가 엄마한테 들켜서 다 늙어 뭐하는 짓이냐는 매운 소리를 들었다고 한다. 나는 그 얘기를 듣고 마음속으로 웃고선 아빠에게 무슨 향을 좋아하는지 물었다. 아빠는 굉장히 어려운 질문을 들은 것처럼 당황해하다가 끝내 답하지 못했다. 그래서 아예 아빠를 데리고 엄마에게

혼이 났다는 백화점으로 향했다. 마침 아빠 생일이 다가오고 있어 선물로 향수를 사주고 싶었다. 우리는 1층의 화장품 가게들을 이리저리 오가며 염치도 없이 같은 향도 여러 번 맡았다. 시향지에 코를 대고 집중하는 아빠를 훔쳐보았다. 가느다란 종이를 들은 아빠의 새끼손톱엔 흰 페인트가 묻어 있었다. 중요한 날에만 신는 프레드페리 흰 운동화도 보였다. 아빠가 점 찍어둔 시향지들을 주머니에 그러넣으며 생각했다. 그때 그 방치된 식물이 어떻게 살아남을 수 있었던 건지 나로선 알 순 없지만, 아마 그 식물 역시 그러한 과정이야 영영 몰라도 된다는 식으로 살아갈 것이라고.

21세기 호모하빌리스는 어느 브랜드에서 부향률이 가장 높다는 향수를 골랐다. 향이 너무 독하진 않을까 말리려다가 그만두었다. 만약 아빠가 그것으로 어느 냄새와 공기를 지우길 원한다면, 적어도 그 향은 아빠를 아는 사람에겐 과시로 해석되진 않을 테니까. 도리어 맑고 상쾌한 향이 그의 환경 속에선 튀는 존재일 것이다.

어쩌면 그가 시청하는 〈나는 자연인이다〉는 그의 마음에 걸린 풍경화일지도 모른다. 언제부터 걸려 있는지 모를 정도로 오래되어서 이제는 하나의 창이 되어버린 풍경화. 유화 냄새도 휘발된 그 그림은 그의 마음속에서만큼은 강렬한 자연의 향이 되어 피어오를 것이다. 그가 진짜 자연인이 되기 전까지는. 그러니까 섬유유연제와 흰 운동화를 떠나보내기 전까지는.

3장

대면

아이 워스 필링
언더 더 웨더

우리 집이 잘살았을 때의 얘기다. 중학생 때 내가 살았던 아파트는 모든 교육 시설과 가까웠다. 구름다리 하나를 건너면 초·중·고등학교가, 바로 뒤편엔 규모가 큰 학원가가 자리했다. 안양에선 분명 비싼 집이었을 테다. 엄마는 어느 날 오목한 그릇 모양의 투명한 버건디색 가습기를 가져와 내 침대 옆 테이블에 놔두었다. 잘 때마다 가습기를 틀어줬는데, 가끔은 정체 모를 오일 몇 방을 넣어주었다. 나는 가습기 가까이에 얼굴을 대고 오일의 미세한 향과 얼굴에 송골송골 맺히는 물방울을 즐겼다. 가습기엔 화려한 조명 기능까지 있어서 나를 더욱더 부잣집 딸내미 역할에 심취하게 만들었다. 그 당시 스파라는 개념을 몰랐지만 자연스럽게 관리받는다는 느낌과 쾌적한 환경의 중요성을 우스운 방식으로 습득했던 것 같다. 그러니까 내가 최초로 기억하는 아로마 경험은 평범한 나를 고귀하게 만드는 행위, 안전한 잠으로 향하는 의식 같은 거였다.

하지만 그 이후로 급격하게 가세가 기울었기 때문일까. 나는 불면증을 앓는 성인으로 자랐다. 잠에 일찍 들지도 못했지만 자는 동안 열댓 번은 깨고 그사이 강렬한 꿈을 꾼 후 생생히 기억까지 하는 수면 부족형 좀비가 되었다. 숙면 후 느낄 수 있다는 개운함은 대기업에 다니는 엄마 친구 아들의 연봉만큼이나 내가 열망하는 거였다. 잠이 부족해서 예민한 것인지, 아니면 예민해서 잠을 못 자는 것인지 도무지 알 수 없는 굴레에 갇혀 삶이 피폐해졌다. 그러다 보니 어느 날 원인 모를 증상이 생겨났다. 이상하게 목이 시렸다. 목 안으로 차가운 바람이 드나드는 것 같았다. 당시 나는 베를린에 사는 친구의 집에서 잠시 지내고 있었다. 불면증과 시차 부적응의 하모니로 새벽 4~5시까지 잠 못 이루고 거실에 앉아 넋을 놨다. 친구는 기진맥진한 내가 안쓰러웠는지 자다가 일어나서 우엉차를 끓여주고, 나를 이끌어 침실로 데려가 패출리 오일을 관자놀이 옆에 콕콕 찍어주고 잠들기를 바랐다. 나는 그 순간에 친구가 신비로운 능력을 지닌 부족처럼 느껴졌고, 스스로가 덩치 큰 코끼리 같은 것이 되어 온순하게 치료받는 것 같았다. 보호받는

동물이 된 느낌. 패출리의 묘한 냄새가 약초처럼 몸에
스몄다. 나는 안심하고 눈을 감았다.

    그러나 증세는 한국에 돌아와서도 지속되었다. 몸이
무거웠고 몸 안은 여전히 추웠다. 한여름에 손수건을
목에 두른 채 세 곳의 의원에 가서 증상을 설명했지만,
세 명의 의사는 모두 의아해하며 이상이 없다고 말했다.
나는 어리둥절했다. 정말 목 안이 지나치게 시렸으니까.
숨 쉴 때마다 영혼이 조금씩 빠져나가는 기분이었으니까.
마지막으로 본 의사가 복용하는 약이 있는지 물었다. 나는
오래된 친구의 이름을 불러보는 것처럼 더듬더듬 말했다.
이내 미묘한 표정이 된 의사가 마지막 말을 덧붙이지
않았더라면 나는 분명 대학병원에 찾아갔을 것이다. "그런
증상은 세상에 존재하지 않아요. 환자분이 만들어낸 증상이
아닌가 합니다."

    미국 드라마 〈프렌즈〉를 보며 가끔 피비가 나와
비슷하다는 생각을 한다. 피비는 엉터리 음악 실력을
가졌으면서 본인은 프로페셔널한 가수라고 믿는, 남들과의
접촉이 살짝 어긋난 캐릭터로 나온다. 그 또한 아로마
마사지사이자 비건이다(물론 나는 아로마에 관심이 있는

채식인일 뿐이다). 많은 이들이, 적어도 내 주변 사람들은 피비를 불편해한다. 그가 가진 엉뚱함과 아무렇지 않게 언급하는 불운한 어린 시절이 부담스러워서인지 모른다. 피비의 친아버지는 피비가 어릴 때 도망가고 양아버지는 감옥에 있다. 친어머니라고 생각했던 사람은 사실 양어머니였고, 심지어 일찍이 자살하여 피비는 어린 나이에 노숙자로 살아야 했다. 그나마 가까운 관계였던 애인 또한 자살했다. 절연했던 쌍둥이 언니는 알고 보니 돈 문제로 포르노를 찍고선 피비인 척했다. 드라마인지 알면서도 살아있는 게 용하게 느껴지는 삶. 그래서 나는 피비가 선택한 것들에 알아서 동의가 된다. 고기를 먹지 않는 것도, 아로마를 택한 것도, 히피처럼 사는 것도 결국 죽음과 가까운 자신의 운명을 생명의 뭍으로 끌어내기 위한 노력으로 보인다. 강력한 불행은 강력한 평화의 갈망을 불러온다.

　물론 나는 피비와 같은 불행을 단 한 톨도 겪지 않았다. 이토록 평범할 수 없다. 그렇지만 피비가 불행의 서사에서도 끝내 웃고 마는 것처럼 나 또한 평범한 가정에서 줄곧 불행했다. 오랫동안 마음이 헛헛했고 평생 그 무엇으로라도 메꿔지지 않을 것 같아서 불안했다. 곳곳이 누수된 상태로

삼십 대가 되다 보니 이제는 지나간 시절을 붙잡고
원망하기엔 너무 늦었다는 생각이 들었다. 나의 상처는 더
늙거나 어려지지 않고, 오직 그 시절에 멈춰서 그것에 대해
입을 열려고 시도하는 나를 치졸하게 만들었다. 그래서
더듬더듬 찾게 된 회복의 방식이 향과 휴식이었다. 그것엔
어떤 말도 필요치 않았다. 나는 베를린에서 친구의 돌봄을
받을 때처럼, 엄마가 나를 위해 가습기를 틀어줬던 때처럼,
보호받는 아늑한 상태로 돌아가기 위해 애썼다. 친구가
사용했던 오일을 따라 사고, 숙제처럼 나를 산책시키며
신선한 공기를 맡게 하고, 가끔은 어깨 통증을 핑계로
한의원의 뜨뜻한 침대에 누워 적외선을 누리기도 했다.
그때 처음 어른에게도 타당한 돌봄을 받을 수 있는 공간이
필요하다고 생각했다. 미용이나 의료 공간 말고도 삶의
탈진이라는 이유로 잠시 쉴 수 있는 곳. 오로지 향을 맡으며
조용한 동물이 될 수 있는 그런 곳.

흔히 기분을 날씨와 비교한다. 그 둘은 인력으로 어찌할
수 없는 현상이라는 공통점이 있다. 그러나 다행히 우리는
일기예보를 보고 변덕스러운 날씨에 대비할 수 있다.
자외선이 강한 날이면 선글라스를 챙기고, 오후에 비가
온다고 하면 우산을 준비하고, 돌연 대설주의보가 발령되면

외출을 삼가면 된다. 기분도 마찬가지다. 나의 상태를
기민하게 살핀 후 적절한 향과 휴식으로 대처하면 지금보다
나은 상태로 슬쩍 변환시킬 수 있다. 물론 우산을 써도 결국
어깨 한쪽이 젖을 때가 있는 것처럼 그것만으로 나의 감정을
완벽히 운전할 수는 없다. 그럼에도 무언가에 대비한 흔적은
내 정신의 쾌적을 위한 작은 시도이기에, 마냥 비구름 아래
놓여 있는 것보다 나은 행동임은 분명하다.

'I'm feeling under the weather'라는 오래된 영어 표현이
이를 잘 대변해준다. 19세기 항해 도중 악천후를 만나면
건강 상태가 좋지 않은 선원들은 갑판 아래에서 날씨를
잠시 피하곤 했는데, 이 계기로 지금까지 '몸이 좋지 않다'는
뜻으로 사용되고 있다고 한다. 물론 사회에선 마음이
안녕하지 못한 것과 몸이 좋지 않은 것은 별개의 의미로
사용되지만 사실 나는 그 둘의 다름을 알지 못한다. 실제로
나의 증상이 그러했고, 무엇보다 평범한 불행* 속에서
살아남기 위한 나의 꿈틀거림이 거센 파도 한가운데서
무력하게 난파당하지 않기 위한 선원의 사투와 다르지
않게 느껴지기 때문이다. 다행히도 열심히 코를 킁킁거리며

* 이소라, 7집, 〈Untitled〉, Track 9의 가사에 등장한 표현임을 밝힌다.

자연의 신호를 읽고 난 후부터 손수건에서 벗어날 수 있었다. 그래서 갑판에서 나와 여기 이렇게 쓴다. 이제는 어떤 날씨여도 괜찮다고.

숨을 쉴 것

초등학생 때 아파트 2층에 살았다. 같은 아파트 14층엔 퍼그가 살고 있었다. 나는 개가 무서웠다. 개라는 존재 자체가 낯설었는데, 그 당시 흔치 않은 종이었던 퍼그는 더욱 그랬다. 어떻게 그 개가 외출한다는 소식을 알게 됐는지 기억나진 않지만, 아무튼 나는 엘리베이터가 보이는 1층과 2층 중간 계단에서 엘리베이터 문을 주시하고 있었다. 무서움에 떨면서도 꼭 보고야 말겠다는 이상한 갈증이 있었다. 그러나 어쩐 일인지 엘리베이터는 2층에서 멈췄고, 의아해하는 사이 뒤에서 개가 나를 향해 다가오고 있었다. 그리고 나는 날았다. 무려 열두 개의 계단 위를 뛰어내렸다(나중에 세어봤다). 물론 슈퍼맨이 아니었기에 다섯 번째 계단쯤에서 불안한 착지와 함께 발목을 접질려 넘어졌다. 나는 무섭게 생긴 그 개와 주인이 너무나

미웠는데, 나중되니 내게 개의 존재를 친절히 설명해주지
않은 어른들이 원망스러웠다.

내 성장기는 내내 이런 식이었다. 지금의 나를 이루는
핵심적인 순간을 되짚어보면 일곱 개의 계단만큼 생략되고
나머지 다섯 계단은 허겁지겁 내려오는.

중학생 때 가장 큰 스트레스는 목욕탕에 가는 것이었다.
나는 학교에 가는 평일보다 엄마 손에 이끌려 목욕탕에 가야
하는 일요일 오전을 더 증오했다. 모르는 사람 앞에서 옷을
벗고, "발레시켜도 되겠다" 하는 칭찬 따위로 몸의 품평이
정당화되고(실제로 나는 통통한 편이었다), 금방이라도 쓰러질
것 같은 탕의 열기를 이유도 모른 채 견디고, 엄마의 억센
손에 몸이 맡겨진 채로 때가 밀려지는 연약한 아이들과
탈의실 나무 평상 위에 맨몸으로 있는 여자들을 보는 것은
내게 괴로움이었다. 얼굴이 시뻘게진 채로 목욕탕을 나서면
개운함은커녕 긴긴 터널을 겨우 빠져나온 사람처럼 밝은
볕에 몸 둘 바를 모른 채 숨을 헐떡였다. 이런 나를 이해하는
사람은 아무도 없었다. 나조차도 이 유난스러운 현기증을
이해하는 건 아니었으니.

패션을 공부하던 대학 시절엔 여러모로 영양 부족이었다. 그 당시 봉제를 가르치던 한 교수는 여학생들에게 44 사이즈 몸으로 가꿔오면 과제 점수를 더 후하게 줄 것이라 했다. 특별한 일은 아니었다. 의류 브랜드에서 인턴을 채용할 때도 피팅이 가능한 마른 몸의 학생을 선호했고, 사실 그 이전에 우리의 교과서는 해외 패션 컬렉션 북과 잡지였으므로 늘 완벽한 여성이 기준이 되었다. 나의 배움의 장소엔 진정한 기쁨이나 슬픔이 없었다. 랄프 로렌의 미국식 쾌활함, 미우미우의 예쁜 음울함, 드리스 반 노튼의 화려한 지적임. 이런 피상적인 것들뿐이었다. 하필 첫 직장도 국내의 내로라하는 모델 에이전시였다. 단순히 마른 몸매가 아닌 뼈대부터 남다른 모델들을 보며 나의 덩치가, 존재가 좀 멋쩍다는 생각을 했다. 이러한 경험은 나의 은밀한 기질을 만나 더욱 극심한 강박을 만들었다. 나는 혼자 살 때도 옷을 벗는 게 불편했다. 아무것도 입지 않은 나의 모습을 보는 게 싫어서 샤워하고 나면 서둘러 옷을 챙겨입었다. 몸에 관해서라면 짐짓 어렸을 때부터 그랬으니 놀랄 일은 아니었다. 초등학생 땐 남들보다 빠른 신체의 변화가 무서웠고, 중학생 땐 일기 상단에 날씨 대신 그날의 몸무게를 적을 정도로 살이 찌는 것을 경계했다. 그만큼 자주 굶었으나 이내 아무것도 하지 않아도 배고픔을

느끼는 스스로가 지겨웠고, 사실 그보다 내게 배설기관이
있다는 것, 지치지도 않고 손톱이 자라고 머리카락이 계속
떨어진다는 것, 아니 어쩔 땐 살아있는 자체가 수치스럽고
괴이하게 느껴졌다. 아무도 나한테 인간은 원래 그런
것이라 말해주지 않았으므로 당황스러웠다. 실수와 단점,
신체의 탈락과 질병에도 불구하고 사람은 서로 이해하고
사랑하고 계속해서 살아가는 것이라 가르쳐주지 않아서
나는 오랫동안 다른 책을 들고 공부해왔다. 그러나 동시에
그러한 이해는 배우는 것이 아니라 대체로 본능과 가깝게
터득한다는 사실도 알고 있었다.

◊

작년 가을 다니엘 오차드(Danielle Orchard)의
〈Lint〉(2021)가 「더 파리스 리뷰(The Paris Review)」의
커버를 장식했다. 나는 하복부가 가득 찬 그림에서
묘한 비릿함을 읽었다. 갈비뼈 바로 아래까지
스타킹을 바싹 치켜 입어본 자만이 아는 불편함. 여덟 살
때부터 내복을 입는 것이 답답해 엄마 몰래 침대 밑에
숨기곤 했던 내게 교복과 스타킹은 학생용 코르셋이나
다름없었다. 스타킹 위로 살이 삐죽 튀어나오고, 그 아래로는
하복부 전체를 압박하고 있어 보온이나 패션보다도 절개선

중심으로 분리 마술쇼를 하는 느낌이었다. 그것을 챙겨입고 아침부터 저녁까지 생활한 뒤 집에 와서 탈의하고 나면, 그제야 내가 소화가 안 되고 있었다는 사실을 깨달았. 〈Lint〉는 내 안의 긴장을 불러일으키는 그림이다. 중앙의 이음새가 비틀어져 있다는 점에서 스타킹의 매끄러운 회전성이 드러나고, 그럼으로써 유독 하얗게 질린 듯이 제모된 여성의 성기와의 마찰이 그려진다. 이것엔 얼굴이 없지만 동시에 수많은 얼굴이 존재한다. 각자 다른 생김새와 사연을 지녔음에도 여러 인물이 불안과 수치라는 이름으로 오차드 그림 속 여성으로 귀결된 것이다. 「더 파리스 리뷰」에서 인터뷰어가 그림 속 여성이 속옷을 입지 않고 스타킹을 신은 이유에 대해 묻자 오차드는 답했다. "그게 더 불편해 보일 거라 생각해서요. 관능미가 강조될 수도 있지만, 스타킹을 입어본 사람이라면 그게 얼마나 역겨울지 상상할 수 있을 거예요. 저는 남성 관람자는 놓치기 쉬우나 여성이라면 진정한 경험을 통해 고개를 끄덕이게 되는 작은 제스처에 관심이 많습니다." 이 외에 그의 그림 속 여성들은 대개 나체로 책을 읽거나 혹은 과일이나 와인을 취하거나 욕조나 침대에 누워 있다. 자칫 편안한 시간을 즐기고 있다고 여길 수 있지만 사실 긴장으로 경직되어 있다. 일상에서도 누군가를 의식하는 듯한 시선과 꼿꼿한 몸의 각도가 이를 대변한다. 오차드는 그림 속 여성을 마치 무대에서 포즈를 취하는 배우처럼 연출하기 위해 색과 빛을 연구하여 연극적인 요소로써 강조한다고 했다. 그렇다면 나는 내 집에서 누구를 위한 연극을 했단 말인가. 거울을 통해 스스로조차 보지 못했기에 관객은 내가 아닌 게 분명했다.

이런 생활이 오래 이어져온 나머지 나는 이해되지 않는 나를 대충 구겨 봉합하며 사는 게 익숙했다. 그래서 멀리서 보면 멀쩡했다. 그러나 가까이에서 보면 나를 이루는 생산지가 모두 달라서 얼룩덜룩했다. 스스로 누군지도 모르고 얼떨결에 따라 한 몸의 유행과 마음들. 인간의 살 냄새란 박테리아가 몸의 각종 노폐물을 먹어치운 화학적 흔적이 덧대진 것임을 알면서도 사람들이 원하는 냄새, 그러니까 바닐라향, 머스크향, 섬유유연제향 같은 은유의 포장지들을 살 위에 걸쳤다. 그 과정에서 마주하는 현실은 전혀 아름답지 않았다. 자연스럽지 않았다. 그냥 좀 우스웠다. 그러니 내게 수치는 막연한 악취일 수 없다. 결백을 시도하지만 그럼에도 '남아 있는' 냄새를 수치라고 부를 수 있다. 정확히는 무언가를 감추려고 시도한 흔적을 타인에게, 심하면 스스로에게 들키고 마는 것.

서울의 어느 빌라에서 자취를 막 시작했을 때 비슷한 일이 있었다. 건물은 반지하부터 4층까지 세 개의 세대로 나누어져 있었고, 내가 있던 5층은 한 세대뿐이었다. 택배기사님이나 배달기사님이 아니라면 발소리가 들리지 말아야 하지만 언젠가부터 인적 소리가 드문드문 들려오기 시작했다. 꽤 선명한 소리가 들린 어느 날에 슬그머니 문을 열고 나와 둘러봤다. 한 남자가 옥상과 5층 사이의 복도에서 옷을 수거하고 있었다. 창문 앞 쇠봉에는 옷걸이에 걸린 반팔 티셔츠가 몇 벌 남아 있었다. 서로 놀란 듯했지만 나는 그저 내 집으로 돌아갔고, 남자도 조용히 계단을 내려갔다. 아마 그 남자는 내가 이사 오기 전에 오랫동안 5층이 비어 있었기 때문에 안심한 채 창을 열고 빨래를 널었을 것이다. 이후에 남자는 빨래를 널러 오지 않았다. 나는 남자가 반지하에 산다는 사실을 나중에 알았다.

아무리 세탁하여도 사라지지 않는 냄새가 있다. 나는 그 냄새를 대학에서 두 명의 복학생 오빠들로부터 맡곤 했다. 통풍되지 않는 곳에서 빨래를 말린 것이 분명한 흔적. 나는 그 냄새를 꿋꿋이 버텼다. 친구들은 은근슬쩍 자리를 피했지만 — 어쩌면 그들보다 버틴다는 표현을 쓰는 내가 더 폭력적일 수 있겠으나 — 그러한 흔적은 오히려 내 몸에 더 많아서 돌이켜보면 나는 혼자 복학생 오빠들에게서, 반지하 남자에게서 동질감을 느꼈던 것 같다. 나는 거울을 보며 숨을 자주 참는 애였다. 타이트한 옷 사이로 삐져나오는 살덩어리, 밀고 밀어도 결국 발견되는 털 한 가닥, 허겁지겁 먹고 난 후 입가에 묻은 빵가루 같은 흔적을 발견할 때면 내게서 도무지 지워지지 않는 땀 냄새가 났다.

◊

오차드의 그림이 여름날 식은땀 같다면 이시우치 미야코(Miyako Ishiuchi)의 사진은 걸쭉한 체액처럼 느껴진다. 나는 작가의 여러 작품 중 〈1·9·4·7〉(1988-1989)과 〈Mother's〉(2000-2005) 시리즈에서 진짜 살 냄새를 맡았다. 〈1·9·4·7〉은 작가와 같은 해에 태어난 40세의 여성들의 손과 발을 찍은 사진집이다. 하필 손과 발인 이유는 늘 무방비하게 생활에 노출되는 부위이기에 얼굴보다 더 솔직한 표정(무늬)을 자세히 보여주기 때문일 테다. 이후에 그는 엄마의 몸과 물건을 찍어 〈Mother's〉를 완성했다. 1916년생 그의 엄마에겐 몸의 3분의 1을 덮는 커다란 화상 자국이 있었다. 처음에 그의 엄마는 딸의 촬영 요청을 거절했지만

84번째 생일이 돼서야 허락해주었다. 메마른 주름지 같은 상처. 상처마저 나이를 먹어 지친 것 같았다. 이시우치는 사진을 통해 그리 가깝지 않던 엄마와의 거리를 좁혀보려고 했다. 그러나 10개월 후 그의 엄마는 간암으로 세상을 떠났다. 이시우치에겐 대화의 수단으로 엄마의 유품밖에 남지 않았다.

어느 날, 엄마의 서랍장을 열어본 그는 놀랐다. 그 안엔 한사람이 입기에 너무 많은 속옷이 있었다. 심지어 한번도 입지 않은 듯한 속옷들이었다. 그의 엄마는 살아있는 동안 그 속옷들을 딸에게 절대 보이지 않을 만큼 조심스러웠다. 그러나 그는 이내 이해하게 됐다. '속옷은 두 번째 피부'라는 진부한 메시지를 엄마의 상처로부터 진정 읽게 되었으므로. 이시우치는 이 시리즈를 마치고 나서야 사진의 의미를 이해하기 시작했다고 말했다. 사진을 찍은 지 20여 년이 지난 뒤의 얘기다.

◊

이 작품들과 과거의 사건들을 자세히 들여다보는 데 마사 C. 누스바움(Martha C. Nussbaum)의 《혐오와 수치심》의 도움이 컸다. 숨을 참고 보는 것은 가능했다.

그러나 이해하기 위해선 아주 내밀하고 불편한 냄새까지 맡아야 했다. 무엇보다 내 눈앞에 있는 것이 지금의 내게 해를 미치지 않음을, 다들 그렇게 보편적인 모양새로 살아간다고 안심시켜야 했다. 누스바움에 따르면 내게는 유아기 때부터 이어진 원초적 수치심이 있고, 사회와 자아가 합작한 초라한 나르시시즘도 있는 듯하다. 나 같은 사람이 나아졌을 때 얻는 것은 다름 아닌 '전반적인 인간 경험'이라고 한다. '시기·질투·격노·탐욕·절망' 등이 포함된 아주 평범한 경험들 말이다.

    살아오며 내가 뛰어내린 일곱 개의 계단이 떠오른다. 꼭꼭 씹으며 내려와야 했지만 겁에 질린 나머지 덜컥 삼켜버린 날들, 아마 그 속에 보편적인 것들이 모여 있었을 테지. 너무 일찍 커버린 사람들은 결국 성장이 더디게 되는 모양이다. 그러니 나는 다시 살아야만 한다. 과거의 나를 붙잡고 건너뛴 저 계단을 다 내려와야만 한다. 거울 앞에 서서 나의 맨몸을 바라보고, 목욕탕 속 여자들을 무심히 지나칠 줄도 알고, 그 끝에 나의 진정한 냄새를 맡아야 한다. 어쩌면 그것은 평생의 숙제가 되거나 아니면 이시우치가 엄마를 떠나보내고 나서야 관계를 되돌아보게 된 것처럼, 내게도 솔직한 나 자신이 너무 늦게 도착할지도 모를 일이다. 그럼에도 사는 동안 한 번쯤 나를 이해해보고 싶어서 숨을, 크게 쉰다.

콧속 요가

"인간은 동물. 동물의 동은 움직일 동(動)이다. 식물의 식은 심을 식(植)으로, 뿌리내리면 대체로 이동해선 안 된다"라고 강원도 명상 마을의 한 스님이 말씀하셨다. 자신의 계(界)를 진지하게 고민해본 적 없던 나는 그 말이 무척 당황스러웠다. 어쩌면 동물인 주제에 식물처럼 살았기 때문일 수도 있다.

대부분의 사무직이 그러하듯 에디터도 취재가 아니면 밖으로 나갈 일이 없다. 자리에 앉아 기획이나 촬영 준비를 하거나 그것도 아니면 녹취를 풀거나 기사를 작성한다. 마감에 쫓기면 밥도 자리에서 먹고 쪽잠도 거기서 잔다. 에디터마다 성향은 다르겠지만 나는 퇴근이 아닌 모든 외부 일정을 싫어했기에 내부에서 그것도 최대한 '앉은' 상태로 일을 수행하려고 애썼다. 물론 내 다리의 존재가 까마득해질 때면 가끔 예의상 일어나서 높은 책상 앞에서 일했다. 어떤 부분에선 체력적 독기가 있다고 말할 수 있겠지만, 사실 정신이 신체의 머리끄덩이를 잡고 질질 끌고 가는 것과 다름없었다. 어느 날엔가, 도저히 이렇게 식물처럼 살 수 없다는 생각이 들 때쯤 홧김에 필라테스 수업을 결제했다. 그러나 별다른 정보와 다짐 없이 저지른 일은 오래가지 못했다. 필라테스는 코어를 만들기 위한 운동이었지만 사실상 코어가 없으면 하지 못하는 운동이기도 했다. "회원님, 코어가 있어야 해요, 코어!" 나는 이 얘기를 들을 때마다 울고 싶었다. 웹예능 〈SNL 코리아〉 시리즈의 한 장면처럼 신입사원에게 경력을 쌓을 기회도 주지 않으면서 경력직만 뽑는 사회와 마주한 기분이 들어서.

그렇게 여러 운동을 간만 보는 시간이 10년이라는 에디터 경력과 같아질 즈음, 마지막이라는 생각으로 집에서 5분 거리인 요가원에서 월 정기권을 끊었다. 이번에도 운동을 포기한다면 그냥 식물처럼 살기로 마음먹은 것이다. 그러나 이제는 나도 정말 살고 싶던 건지 요가를 제법 받아들이기 시작했다. 잘했다기보다 예전처럼 운동으로부터 거부당하거나 내가 운동을 거부하는 일은 일어나지 않았다. 처음으로 요가가 무엇인지 몸과 마음으로 터득하고 있다는 생각이 들었다. 잘하든 못하든 상관없고 그저 나에게 집중하는 시간. 필라테스를 할 땐 예쁜 운동복을 사 모았는데, 요즘 내 모습은 편한 티셔츠에 밑위가 긴 스웨트 팬츠 차림이다. 사람들이 생각보다 타인에게 관심이 없다는 것을 깨달은 후, 요가원 거울을 바라보는 나의 시선에서도 조금씩 해방될 수 있었다. 눈을 감고 시퀀스를 따르다 보면 규칙 안에서도 자유로웠다. 말하자면 요가란, 정신은 뿌리내린 식물로서 몸은 유연한 동물로서 활동하는 일이었다.

어쩌면 그 상반된 속성을 경험해보지 못했다면 나의 말이 모순처럼 들릴 수 있겠다. 나 또한 기초강화 수업에 처음 참여했을 때 선생님이 한 말씀에 어리둥절했으니까. "이번엔 자신에게 숨소리가 들릴 만큼 깊게 호흡합니다. 목 안에서 열감이 느껴지고, 머리는 차갑게 비워집니다." 며칠 뒤 도서관에서 1990년에 출간된《붓다의 호흡과 명상》이라는 책을 찾아봤다. 책에 의하면 호흡이란 삶과 죽음이 반복되는 행위로, 숨이 들어오는 순간이 삶이고 나가는 순간이 죽음이다. 삶 속에 죽음이 있고 죽음 속에 삶이 있음을 의미한다고. 요가에서의 호흡도 정의되어 있다.

모든 상념을 정지시키고 생명의 깊은 비밀 속에 잠기기 위한 행위. 한마디로 코와 입을 통해 세계의 신비에 잠수를 시도하는 것이다.

    어느 봄날, 제주 서쪽 마을에서 있었던 일을 기억한다. 북쪽에서 취재를 마친 후 홀로 버스를 타고 이동하여 산간 지역에 있는 숙소에 도착했다. 숙소의 운영자이자 목사인 남자가 안내를 마치고 불쑥 마을 사람들과 반딧불이를 보러 가자고 제안했다. 살면서 반딧불이를 본 적 없던 나는 선뜻 응했고, 그날 저녁 그들을 따라 이름 모를 숲으로 향했다. 차에서 내려서 숲속을 걷고 또 걷다가 그런 생명이 존재하는 걸까 의문이 들 때쯤 공중에 녹색불이 하나둘 보이기 시작했다. 작지만 선명한 형광 불빛이 크리스마스 알전구처럼 켜졌다 꺼지길 반복했다. 그렇지만 내가 정말 놀란 것은 다름 아닌 주변을 둘러싼 어둠이었다. 그러니까 내가 경험한 어둠, 잠을 자기 위해 불을 끈 나의 방, 대청소가 하기 싫어 숨어든 장롱 속은 사실 어둠이 아니었다는 것을 깨달았다. 어느 순간부터 앞서가는 사람의 실루엣조차 보이지 않을 때 나의 다리는 자연스레 멈췄다. 갑자기 걷는 법을 잊어버린 사람처럼 어찌할 바를 몰랐다. 다행히 — 아마도 나의 뒤에 있었을 — 목사는 나를 달래며 그럴 땐 하늘을 보고 가면 된다고 했다.

고개를 들었다. 나무 사이로 보이는 밤하늘이 세상에서 가장 환한 존재처럼 느껴졌다. 한낮의 태양보다도. 그러나 그 하늘마저 나무들의 포옹에 가려질 때면 나는 차라리 눈을 감고 걸었다. 어둠에 맞서 싸우지 않고 스스로 어둠이 되길 자처하자 내 안에 코와 귀라는 다른 눈이 태어났다. 촉감은 오히려 무시해야만 했다. 발목과 팔을 스치는 풀잎이나 정체 모를 것들에 집중하면 겁을 먹고 나아가질 못했다. 걷는 곳마다 미묘하게 다른 온도와 냄새를 감지하느라 나의 코는 바빴다. 어느 곳은 더 차갑고 어느 곳은 더 쌉싸름했으니, 공기 중 분자들이 기묘한 장난을 거는 것 같았다. 그러다 방목된 말들이 지나가는 소리가 들리면 우리 일행은 걸음을 잠시 멈췄다 이었다. 마침내 숲을 완전히 빠져나왔을 땐 드문드문 보이는 마을의 등불이, 도로의 소리가, 혼합된 밤공기가 확대된 것처럼 느껴졌다. 몸에 잠잠이 심겨 있던 감각기관이 처음으로 내게 아는 척을 했다.

그 경험은 인간인 내가 식물이나 동물보다도 더 광막한 자연, 빛과 어둠이 되어보는 기회를 주었다. 분위기, 영혼, 안개, 속삭임, 이런 미세한 입자 같은 것이 되어 어디든 오갈 수 있을 것 같은 기분. 그것이 앞서 불교책에서 말한 생명의 깊은 비밀인 걸까? 나는 제주에서 돌아온 이후 그 기이한 황홀함을 재감각하기 위해 애썼다.

◊

 요가엔 사바아사나라는 게 있다. 일명 송장 자세라고 불리며 수련 마지막에 등을 대고 누워 눈을 감고 휴식하는 동작이다. 그저 시체처럼 편히 쉬면 된다고 여기지만 생각처럼 쉽지 않다. 코를 골며 수마에 빠지는 사람이 있는가 하면, 나처럼 딴생각에 빠져 꼼지락거리는 사람도 많다. 내가 정의하는 사바아사나는 휴식이라는 절벽에서 완벽히 나가떨어지지도, 안간힘을 다해 매달려 있는 것도 아니다. 그 가느다란 경계에서 어느 곳에 속하지 않는 상태로 그저 있는 것이다. 물론 앞서 말했듯 꼬리를 무는 잡념 때문에 사바아사나를 완벽히 성공해본 적은 없다. 그래도 마치고 나면 몸과 정신이 개운해짐을 느낀다. 나는 이 수련법을 산책할 때 종종 적용한다. 사바아사나가 신체와 정신의 산만함을 중지시키는 것처럼, 스마트폰, 이어폰, 지갑 등 사회적 자극을 유발하는 모든 것을 압수하고 오로지 걷기만 하는 것이다.

그 단조로운 상태는 잠들어 있던 감각을 스멀스멀 깨우는데 봄에는 개가 될 정도다. 완연한 봄이 오면 나는 산책하는 개와 경쟁하듯 코를 킁킁대며 걷는다. 공중에 보이지 않는 색색의 폭죽들이 우리에겐 보이는 것이다. 때죽나무, 아까시나무, 서양수수꽃다리, 돈나무, 분꽃나무, 보리수나무에 꽃이 피어나면 세상은 새삼 화려해진다. 거름 냄새를 기분 좋게 맡을 수 있는 유일한 시기이기도 하다.

물비린내의 계절인 여름엔 장마철과 어울리는 오이, 수박, 참외 등 풋내 나는 향이 자연스레 공기 중으로 떠오른다. 그 계절이 지나고 나면 모기향이 여름의 향수처럼 그리워진다. 가을 냄새는 또 어떠한가. 제법 차가워진 공기는 막걸리의 눅진한 향과 낙엽의 건조한 냄새와 어울린다. 어쩌면 편지를 쓰고 싶은 충동은 가을 냄새에 스며 있는지도 모른다. 겨울엔 냄새가 투명해진다. 화려했던 지난 계절의 냄새는 자취를 감추고, 코트와 스웨터의 창백한 먼지 냄새가 주를 이룬다. 가끔은 귤과 뱅쇼 향이 특별 출연처럼 등장한다.

이것들이 없던 냄새인가 하면 그렇지도 않다. 제철 음식을 먹듯 제철 냄새를 꼬박 챙겨 맡다 보니 필라테스

선생님이 말한 코어가 코에 자리 잡은 모양이다. 잠수 끝에 발견한 세상이 눈부시게 아름답다.

허수경 시인에 대한 착각

어느 날 친구가 오은 시인이 허수경 시인에게 쓴 편지를 보고 내가 떠올랐다며 그 일부를 전송했다. 그때부터였을까. 나는 종종 허수경 시인과 운명이 나란하다는 느낌을 받았다. 그렇게 허수경 시인에 대한 나의 착각은 시작되었다.

오은 시인의 편지는 2018년 10월 20일에 '시인 허수경에게 부치지 못한 편지'라는 제목으로 〈시사IN〉에 공개됐다. 부쳐지지 못한 까닭은 허수경 시인이 2018년 10월 3일에 세상을 떠났기 때문이다. 오은 시인은 우리가 잘 알지 못하는 허수경 시인의 이야기를 들려주면서 여기 이 시인을 잊지 말자고 새끼손가락을 내미는 것 같았다. 단번에 손가락을 걸어 잠근 나는 허수경 시인이 돌연 독일로 떠난 이야기를 몇 번이고 읽었다.

"처음에는 그냥 막연히 '떠나고 싶다'는 생각을 했던 것 같아. 세월이 지나면서 내가 왜 떠났는지 사유하게 되더라. 그때는 잘 몰랐지. 나중에 곰곰 생각해보니, 인간의 유형이 바뀌어야 새로운 형식이 나올 수 있을 것이라는 믿음 때문이었더라고. (…) 새로운 예술 형식은 한 인간의 유형이 변하지 않으면 나오지 않는 거야. 자신이 가지고 있는 고유의 유형이 낡아졌다고 느끼면, 의식적으로 그것을 갱신해야 한다고 생각해. 그때가 닥쳤을 때, 나는 가장 극단적인 방법을 택한 거고."

이국에 가야겠다는 마음보다 모국을 떠나야겠다는 마음의 세기가 강한 사람들의 공통점인 걸까. 당시 나는 한국에서 더 이상 얻을 수 있는 기쁨과 감탄이 없다고 여겼고, 그 마음을 손가락에게 들키기라도 한 듯 딱 그만큼의 글을 썼다. 그래서 떠났다. 낯선 땅에서 아무도 아닌 채로 새롭게 시작한다면 이제껏 한번도 발견하지 못한 나를 만나게 될 것이라 믿었다. 그렇게 도착한 곳이 베를린이었다.

시인이 살았던 뮌스터라는 도시는 베를린에서 차로 다섯 시간 반 정도 걸리는 거리에 있었다. 그곳에서 시인은

고대 근동 고고학을 공부한 뒤 고고학자로 지내며 여러
발굴지를 오갔고, 그사이에 꾸준히 글을 썼다. 26년이라는
시간 동안의 일이었다. 반면 나는 베를린에서 고작 1년
살며 그렇다 할 목표도 없이 공동묘지 산책을 제일로
여기는 한량으로 지냈다. 무엇보다 시인과 나 사이의 가장
분명했던 간격은 독일의 통화가 한 번 바뀔 정도의 긴
세월의 빈칸이었다(시인이 독일로 떠났던 해에 내가 태어났다).
그럼에도 나는 시인의 책에서 불쑥불쑥 나의 일부를
발견했는데, 다름 아닌 후각을 통해서였다. 시인의 여러
산문집과 시집 곳곳에서는 다양한 냄새가 중요한 매개가
되어 이야기를 이끌었다. 그것은 내게 많은 것을 시사했다.
시인이 현재나 미래보다 과거에 오래 체류하는 사람임을,
그곳에서 기억들이 무사히 보존되고 있는지 순찰하고 오는
사람임을, 결과적으로 시인이 고고학에 반응할 수밖에
없었던 근본적인 이유를 말해주었다. 냄새라는 설명하기도
어려운 물질을 소상히 기억하도록 태어난 사람은
필연적으로 과거의 데이터에 발 묶인 사람이므로, 시인은 그
매듭의 첫 시작을 찾기 위해 땅 아래로 가만가만 내려갔을
것이다.

　　시인이 냄새를 상기할 때는 대부분 음식에 관한

것이었다. 어머니가 말간 젓국을 만들 때 온 집안에 퍼지던 젓갈과 마늘 냄새, 어른들 몰래 무덤 옆에서 쑥을 캐와 어머니에게 얻어먹었던 쑥털털이라는 음식의 냄새, 동네 개천에서 잡은 미꾸라지로 추어탕을 만들면 꼭 그 위에 올라가던 방앗잎과 산초 냄새…. 타향에 오래 머물면 고향의 맛이 그리워지는 건 당연한 수순이리라. 그렇지만 시인이 진정 원한 것은 음식이 아니었다. 추어탕을 만들기 위해 차로 40분가량 이동하여 아시아 마트까지 찾아갔지만 이내 깨닫게 된 것은 미각의 만족이 아니었다. 시인은 그런 것들을 꼭 먹어보자고 한 게 아니라 다만 냄새가 간절했다고 말했다. 방앗잎과 산초 가루가 어우러진 추어탕 냄새를 통해 가족들과 나란히 모여 물고깃국을 먹던 시절과의 접촉을 기대한 것이었다.

"어시장을 서성이며, 마음이 사나워질 때마다 그 옛날에 내가 보고 자랐던 쪽으로만 가려는 나를 생각한다. (…) 시장가에 있는 카페에서 커피를 한잔 시켜놓고 오가는 사람들 사이에서 풍겨나오는 생선 냄새를 맡는다. (…) 어머니와 함께 저녁 무렵이면 함께 시장으로 갔다. (…) 그때 나는 사람들 사이를 오가는 그 생선 냄새를 맡았던 것. 내가 나를 책임지지 않아도 좋았을 무렵의 냄새…."[7]

시인은 이방인의 삶을 자발적으로 선택했음에도
오랫동안 고향을 그리워했다. 그러나 시인은 어디에서나
이방인이었을 거라고 짐작한다. 시인 스스로가 일컬었듯
평생에 걸쳐 고아이고, 유대인이었을 것이다.[†] 가난과 차별,
애수에 기민하게 반응하는 운명을 타고났기에 어쩔 수
없이 외롭고 아프고 고단했을 것이다. 아마도 많은 사람이
지나쳤을 풍경 속에서 오로지 시인 눈에만 들키던 미묘하고
불편한 순간들에 속이 쓰렸을 것이다. 나는 이상하게 그런
시인을 상상하는 게 어렵지 않았다. 그와 같은 감각으로
세상을 바라보기 때문에 비슷한 운명을 배정받은 것이라고
생각했다. 혼자만의 착각일지라도 괜찮았다. 시인은
믿는다는 것은 착각을 사랑하는 것과 다름 아니라고, 심지어
그 문장을 적은 책 제목마저 《오늘의 착각》이라 지었다.
그러니 내가 괜찮지 않은 건 착각에 관한 불안이 아니라,
내가 하고 싶은 말이 앞서 그의 책에 적혀 있을 거라는

[†] 최승자 시인의 책 《어떤 나무들은》(2021, 난다)에 언급된 문장으로,
에드몽 자베스가 폴 오스터와의 인터뷰 중에 말했던 표현이다.
"나는 모든 작가가 어떤 면에서 유태인 조건이라는 것을 체험한다고
생각한다. 왜냐하면 모든 작가, 모든 창작자는 일종의 추방 상태에서
살기 때문이다."

허탈에 관련한 것이었다. 그러나 나는 이미 예상했는지도 모른다. 허수경이라는 이름을 채 익히기도 전에 내 책장 안에 시인의 시집이 자리하고 있었으므로.

시인은 운명처럼 시의적절한 때에 내게 필요한 말을 해주었다. 고향 떠나기를 시도했지만 가족의 만류에 의해 무산되었던 어느 날에, 나는 분노 뒤에 숨어 있던 안도라는 감정을 발견하고 스스로에게 비겁함을 느꼈다. 그럼에도 다음날 출근해야 했기에 지하철 구석에 서서 퉁퉁 부은 눈을 가리며 시인의 산문집을 읽었다. "고향을 떠나는 일은 많은 이의 살아남기 위한 전략 가운데 하나이다. 살아남기 위하여 뿌리를 떠나는 고전적이고도 수없이 되풀이된 이 행태는, 그러나 인간이 가지고 있는 단 하나의 행태만은 아니다." 그다음 문장은 계속된다. "떠나온 쪽을 향하여 계속 눈길을 돌리는 것도 또한 고전적인 행태 가운데 하나인 것이다."[8]

왜 어떤 문장은 나를 기다려온 것처럼 느껴질까? 내가 무심히 지나쳤던 문장이 나와 다시 한번 맞닿기 위해 고단한 행진을 이어온 것 같다. 나의 현재와 과거의 문장이 만나는 순간엔 짜릿함을 넘어 애틋함마저 느껴진다. 내게 시인의 문장이 줄곧 그러했다. 고고학자이기도 한 시인은 무덤,

폐허, 미라, 유물, 제의, 그러니까 과거에 대해 끊임없이 말을 건네왔는데 도리어 오래된 예언처럼 느껴졌다. 그건 기술이 아무리 발전해도 한치 변화가 없는 인간의 어느 양상을 고대인의 삶으로부터 목격한 시인이기에, 그의 말이 내게 남은 날들이 결코 예측하지 못할 미래가 아니라 다가올 과거임을 일러주는 메시지가 되었기 때문이다. 그러나 그것은 잠언이나 메시아적 형태를 따르지는 않았다. 시인은 그저 하나의 오래된 이야기를 들려줌으로써 무언가를 우리에게 물려주고 있다는 감각만 남긴다. 그 무언가가 무엇인지는 때가 돼야 밝혀질 것이다.

◇

시인의 사망 원인은 위암이었다. 병원에서 수술이 불가하다는 진단을 받고 생명에 어쩔 도리가 없음을 받아들이게 됐을 때 시인은 집으로 돌아왔다. 수술로 위를 도려냈거니와 점점 더 커지는 종양 때문에 음식은 섭취할 수 없어 인공적으로 영양을 공급해야 했다. 그러던 어느 날 시인은 귤 한 알을 발견했다. 어떤 연유에서인지 병원에 가기 전에 베란다 창가에 두고 간 것이었다. 3월이지만 창밖엔 눈이 내리고 있었다. "나는 귤을 쪼갰다. 귤 향! 세계의 모든 향기를 이 작은 몸 안에 담고 있는 것 같았다.

내가 살아오면서 맡았던 모든 향기가 밀려왔다. 아름다운, 따뜻한, 비린, 차가운, 쓴, 찬, 그리고, 그리고, 그 모든 향기."[9] 먹지 못하는 삶은 어떤 것일까? 나는 살면서 고작 하루에 한두 끼 굶어봤고 그 또한 강제된 것은 아니어서 그것이 구체적으로 어떤 고통으로 치환되는지 알지 못한다. 비단 신체적 고통뿐만도 아닐 테다. 그러나 시인이 귤 향기를 세상의 모든 향기로 받아들인 것엔 쉽게 이해가 간다. 아흔이 다 되어가는 나의 할머니는 증손자들을 만나면 표정이 단번에 환해지지만, 시간이 지나면서 점점 그윽해진다. 죽음과 가까운 거리가 되면 그러한 싱그러움은 삶의 출발선에 해당하여 막연히 아름답게 보이는 동시에, 너무나 멀리 떠나온 나 자신을 상기하게 되어 복합적인 감정이 드는 모양이다.

그나마 시인에게 다행이었던 부분은 시인이 오로지 미각을 통해서만 희로애락을 얻는 사람이 아니었다는 것이다. 모든 냄새마저 사라진 폐허에서도 시인은 여러 냄새를 상기하며 먼 기억 여행을 떠나지 않았나. 아마도 그것은 무의식적인 훈련의 결과였을 것이다. 시인이자 고고학자이자 이방인이었기에 마주하는 단절의 환경들이 그의 후각을, 정확히는 후각의 기억 소환술을 단련시켰을 것이다. 그리운 음식을 먹을 수도, 그리운 풍경을 볼 수도, 그리운 사람을 어루만질 수도 없었으므로 냄새를 통해 당장의 그리움을 달래왔으리라.

냄새는 유령과 같은 형태로 우리를 과거의 시공간으로 안내한다. 그러나 그 여정은 개인이 보유한 기억의 선명도만큼만 이어질 수 있다. "인간은 누구나 자기 능력만큼 신을 만난다"고 했던 스피노자의 말처럼 상상도, 기억도 자신이 지닌 선까지만 나아갈 것이다. 그러나 상상이 바깥으로 뻗어 나간다면 기억은 나의 가장 깊숙한 곳으로 파고드는 작업이다. 삽으로 땅을 파내고 붓으로 먼지를 털어내고 나면, 얼굴을 드러내는 것은 유물뿐이 아니다. 허수경 시인은 자신의 속에 돌아다니는 것은 다름 아닌 '기억'이라고 했다. 나는 시인이 학자로서뿐만 아니라 개인으로서의 고고학도 시도했다고 생각한다.

나는 시인이 책에 마련해놓은 후각 터널을 통해 그와 자주 만났다. 향수 가게 앞에서 혼합된 냄새를 맡으며 함께 욕지기를 느꼈고, 도서관에서 오래된 서적의 매운 냄새를 함께 즐겼으며, 김혜순 선생의 시 〈잘 익은 사과〉에서 언급되는 '아직도 아가인 사람의 냄새'라는 건 도대체 무엇인가 하고 생활 풍경에서 함께 찾아보았으며, 이국의 아시아 마트에서 꽃집에라도 있는 듯 크게 숨을 들이켜곤 이상한 안도를 함께 느꼈다. 그리고 그 끝에 허수경 시인에게 묻고 싶었다. 그리운 풍경이 많다는 건 행복한 일인지, 슬픈 일인지. 그러나 이에 대한 답변만큼은 책에 없었고, 시인은 그저 죽기 전까지 시를 씀으로써 아예 시가 되어버린 채로 이 세계를 떠났다. 하는 수 없이 나는 또 먼 곳에서 오는 나의 이해를 기다리기로 했다.

코로 작품 읽기

Arno Fischer, 〈Budapest〉, 1960

노신사가 있다. 카페의 창가 테이블에 앉아 몸을 구긴 채 무언가를 쓰는 데 몰두하고 있다. 펜을 쥔 휘어진 손에서 부드러운 악력이 느껴진다. 그는 아마 꼼꼼한 사람일 것이다. 넥타이와 행커치프를 한 차림새가 그렇고, 수첩과 필통까지 챙긴 모습이 이를 증명하는 듯하다.

카페 속 풍경에선 커피향이 미미하다. 이미 잔이 비어 있을뿐더러, 이 남자의 목적은 커피가 아닌 무언가를 쓰기 위함으로 공간을 잠시 빌린 것처럼 보인다. 사진뿐 아니라 영화의 영역에서 줄곧 주인공을 차지하던 커피는 이 작품에서만큼은 카메오로 등장한다. 그렇기에 커피보다는 고민의 상징인 재떨이 속 담배꽁초나 둘러싼 풍경에 집중하여 향을 가늠하는 것이 나을 것이다.

바깥의 인물을 보면 계절은 가을, 겨울쯤이고 비나 눈이 오는 듯하다. 그런 날이면 공기 중에 수분이 많아져 향을 맡는 감도가 높아진다. 테이블보와 레이스 커튼에선 눅눅한 냄새가, 테이블 간에 좁은 간격으로 인해 다소 답답한 공기가 내부를 채울 것이다. 창틀과 인물들의 어깨가 사진 가장자리로 어둑한 테두리를 만들어 공간 속 시간을 더욱 가둔 느낌이다.

창에 붙어 있는 동그란 필름지 역시 유리창의 존재를

두드러지게 해 안과 밖을 확실히 구분한다. 안에 시선을 두면 노신사만을 비추는 조명 같지만, 바깥으로 시선을 두면 구름에서 슬쩍 나와 우산을 쓴 남자를 놀리는 해 같기도 하다. 피셔는 보는 이로 하여금 몰입하는 남자에게 더욱 몰입하도록 창밖 너머로 스치는 사람을 기다렸을지도 모른다. 맞은편 의자가 놓일 틈도 없는 좁은 곳에서, 몸을 옹송그리며 자신의 세계를 마련한 남자와 또 창밖 너머로 그러한 세계와 아주 무관하다는 듯 우산을 쓰고 반대 방향으로 걸어가는 인물이 중첩될 찰나에 우리는 발견한다. 내부의 시간은 흐른 적 없다는 것을.

　몰입이라는 고여 있는 농도와 세상에서 멀어지는 깊이를 어떻게 향으로 교환할 수 있을까? 묵직한 무게를 지녀 좀처럼 휘발되지 않는 향들이 떠오른다. 오크모스, 페루 발삼, 베티버, 암브레트 시드, 시더우드…. 이러한 종류는 눈에 보이지 않아도 공간 안에서 음습하게 자리하고 있음이 느껴진다. 발랄한 인사를 남기고 금세 사라지는 시트러스 계열은 낄 틈이 없다. 어쩌다 손님이 들어온다면 문틈 사이로 새로운 냄새가 등장할 수는 있겠다. 그러나 언제까지나 저 노신사는 고개를 들지 않을 것이다.

4장

코끝의 자각

죽음의
실루엣

냄새는 죽음과 닮았다. 죽음의 '소환 불가능'은 냄새의 특징에도 해당한다. 시각적 이미지와 달리 냄새는 즉각적인 저장이 불가하고, 소리나 촉감처럼 동일한 물리적 압력으로 손쉽게 재현할 수도 없다. 무엇보다 후각 자체가 냄새에 금세 순응하는 까닭에 우리가 처음 인지하는 냄새의 인상은 지속되지 않는다. 그렇다 보니 냄새의 주도권은 우리에게 없다. 냄새는 찰나의 행인처럼 우리가 인지한 순간에 이미 등을 돌리고 있다. 우리는 그것의 이름을 어떻게 불러 세워야 할지도 모른다. 죽음을 여전히 모르는 것처럼 우리는 후각의 세계에 대해서도 깜깜 모른다.

후각에 대한 무지는 괄시로부터 시작되었다. 18세기 칸트는 후각을 외부 대상을 인식하는 데 무능하고 그 자태 또한 추한 미학적 불구라고 여겼고, 다윈과 프로이트도 후각을 시각보다 뒤처진 야만적 감각이라 폄훼했다. 그러한 편견들이 켜켜이 쌓이면서 과거 학자들은 후각을 연구한다는 이유만으로 학계로부터 불공정한 대우와 무관심을 받았다. 그리고 그 현상은 지금도 이어지고 있다. 물론 이전보다 다양한 분야의 관심을 등에 업고, 후각과 질병의 연관 관계를 발견한다든지 냄새를 분별하는 AI 전자 코를 발명한다든지 하는 대단한 발전을 이뤄냈지만, 여전히 다른 감각의 논문 수와 연구비를 비교하면 후각 분야는 눈에 띄게 뒤처져 있다. 현재에도 학자들 사이에서 '과학의 고아'*로 불리는 이유가 있는 것이다.

이런 지속적인 방치에 의해 후각의 언어는 제대로 발전할 기회가 없었다. 특히 과거 프랑스에선 악취에 관한 언어를 적극 재단하기도 했다. 《악취와 향기》의 저자 알랭 코르뱅(Alain Corbin)에 따르면, 18세기 중반 악취와의 전쟁을 치르던 프랑스는 프랑스어를 부패하지 않은 것으로 만들기 위해 고전 프랑스어에서 악취에 관한

---

* 빌 브라이슨의 《바디: 우리 몸 안내서》(이한음 옮김, 까치, 2020)에서 필라델피아 모넬 화학 감각 센터의 명예회장 게리 뷰챔프가 학계에서 후각 연구의 고립을 비유한 표현이다.

어휘를 순화시키거나 아예 탈락시켰다고 한다.[10] 그것이 동시다발적인 문화 현상이 되어 후각 언어 결핍의 주요한 원인이 되었다고 할 순 없지만 어떤 이유에서든 현재 후각이 가진 언어가 군색한 사실만은 틀림없다. 냄새를 묘사할 때를 생각해보자. 쑥내음, 박하향, 꽃향기, 비누 냄새, 곰팡내 등 냄새의 '주체'와 향을 나타내는 '명사'를 붙여 단순하게 표현한다. 갓 지은 쌀밥에 코를 대고 "밥 냄새 난다" 하는 것만큼 허무한 표현은 없지만, 또 그 이상의 표현은 알지 못한다. 우리가 냄새를 제법 잘 표현했다고 생각하는 순간을 곱씹어보면 미각에 의존하거나 은유적 표상일 때가 많다. 반면 시각의 언어는 독립적일 뿐만 아니라 끝이 없다. 파란 상태를 표현하는 우리말은 파랗다, 새파랗다, 시퍼렇다, 푸르스름하다, 푸르무레하다, 푸르뎅뎅하다, 검푸르다 등등 다채롭다 못해 넘친다. 그것의 진정한 풍요는 앞서 나열한 표현의 미묘한 차이를 은연중에 아는 것에 있다.

그러나 인간이 후각에 대해 미온적 태도를 보인다고 해서 후각이 열등한 감각이라는 뜻은 아니다. 오히려 후각은 기억 면에서 뛰어난 재능을 보여준다. 우리가 어떤 냄새를 맡았을 때 그 분자는 비강 위에 위치한 후각 신경구를 통해 곧장 뇌의 기관 중 하나인 변연계로 도달하는데, 그

변연계를 이루는 핵심 요소가 해마와 편도체다. 해마는 장기 기억과 새로운 인식에 연관이 있고, 편도체는 감정이 개입된 사건의 기억 형성에 중요한 역할을 한다. 그러한 까닭에 뇌에 각인된 냄새와 유사한 냄새를 맡게 되면 그 당시 느꼈던 기쁨, 슬픔, 공포, 애틋함 등의 감정과 함께 그때의 환경까지 기억할 수 있다. 일반적인 감각으로 놓칠 수 있는 미묘한 순간을 면밀히 포착하는 것이다. 물론 이 세상엔 처음 인지한 냄새와 완벽히 복제되는 냄새란 없고 완벽히 복구되는 기억도 존재하지 않지만, 어느 냄새의 한 조각이 해묵은 감정의 해상도를 높여주는 역할을 할 순 있다.

영화 〈브로크백 마운틴〉에선 죽은 이의 냄새가, 정확히는 냄새를 맡는 행위가 남겨진 이의 일상을 복구하는 데 중요한 역할을 한다. 영화 마지막쯤의 이야기다. 주인공 에니스는 비밀스레 관계를 유지하던 동성 연인 잭의 부모님 집에 찾아간다. 얼마 전 잭의 아내로부터 사고로 잭이 죽었다는 소식을 들은 후 그의 유골을 둘만의 공간이었던 브로크백 마운틴에 뿌리기로 한 것이다. 잭의 어머니의 안내로 그의 방을 구경하던 에니스는 구석에 걸려 있는 셔츠를 발견한다. 에니스의 체크 셔츠 위에 잭의 셔츠가 포개어 있다. 잃어버린 줄만 알았던 셔츠가 잭에게 있었다는 사실과 그 당시 다툼으로 인해 소매에 묻었던 커피 자국이 여전히 남아 있는 것을 확인하고, 에니스는 브로크백 마운틴에서 보냈던 시간을 소중히 간직하고자 했던 잭의 마음을 뒤늦게 읽는다. 셔츠를 한참 어루만진 에니스가 옷깃에 코를 묻고 가만히 눈을 감는다. 〈브로크백 마운틴〉 각본가는 이 장면에 대해 에니스(히스 레저)에게 명확히 설명했다. "이 셔츠를 발견할 때 너는 이 남자가 너를 얼마나 사랑했는지 아주 강하게 깨닫는 거야. 그리고 동시에 네가 무얼 잃어버렸는지 알게 되는 거지." 영화의 엔딩은 이렇다. 그로부터 몇 년 뒤 에니스는 딸이 두고 간 스웨터를 보관하기 위해 옷장을 연다. 둘의 셔츠가 정면으로 보인다. 이번엔 에니스의 셔츠가 잭의 셔츠를 껴안고 있다. 자신의 살갗 아래 잭을 품은 것이다. 에니스는 조용히 말한다. "Jack, I swear." 우리는 그 대답이 무엇에 대한 맹세인지 모르지만 안다. 에니스가 잭의 셔츠에 코를 묻을 때 누구도 그 냄새를 짐작할 수 없으면서도 누구나 그 행위의 의미를 아는 것처럼.

그러나 냄새는 언제나 사라지는 중이다. 소멸은 냄새의 속성이자 운명이다. 〈브로크백 마운틴〉의 셔츠 신, 구본창의 〈비누〉, 페터 피슐리(Peter Fischli)와 다비드

바이스(David Weiss)의 〈눈사람〉이 손톱의 거스름처럼 자꾸만 마음이 쓰이는 이유는 이미 이별이 예견된 존재(냄새, 비누, 눈)를 붙잡기 위해 애쓰기 때문이다. 떠나려는 힘과 붙잡으려는 힘 사이에서 우리는 애틋한 사투를 느낀다. 유한한 삶을 사는 인간이라면 모두가 아는 감정이기에.

그리움에 늘 담보 잡혀 있는 냄새는 죽음의 실루엣과 닮았다. 그것은 살아있는 자를 순식간에 감정에 휩쓸리게 만드는 재난의 물질이다. 그리고 에니스에게 그랬듯, 어느 날 구원의 형태로 돌아오기도 한다. 우리가 여전히 후각에 대해 잘 모르는 것은, 문자로 이루어진 시가 모두에게 해석되는 것이 아니듯 후각 또한 그 냄새를 이해하기 위해 애쓰는 사람에게만 들리는 언어여서가 아닐까. 어쩌면 옛사람들은 후각을 멸시한 것이 아니라 후각으로부터 포기당한 것인지도 모른다.

창틈
사이로

《감각의 박물학》의 저자 다이앤 애커먼(Diane Ackerman)은 생각했다. 살아있는 동안 인간의 호흡은 짝수. 들이쉬면 마셔야 하고 마시면 들이쉬어야 한다. 그러나 인간이 죽을 때 호흡은 오로지 홀수가 된다. 나는 작가가 주목한 사실을 인지한 후 그 남겨진 숨의 행방이 궁금했다. 서서히 꺼져가는 몸에 갇히게 됐을까, 아니면 공기 중으로 홀연히 사라지게 됐을까.

옛사람들은 사람이 죽으면 입에서 영혼이 빠져나온다고 생각하여 영혼의 거처를 몹시 진지하게 고민했다. 고대 로마인은 애도 기간이 끝나면 고인의 이름을 절대 부르지 않았는데, 이는 대지에서 고인이 완전히 떠날 수 있도록 소환을 금했던 것이다. 비교적 요즘의 미신으론,

장례식에 다녀온 후 백화점이나 시장처럼 사람 많은 곳에 방문해야지만 죽은 이의 영혼이 길을 잃고 쫓아오지 못한다는 속설이 있다. 그밖에도 여러 얘기가 있지만 나는 그중 어렸을 때 읽은 타블로 소설의 첫 단락을 특별히 기억한다. "나는 침실에 틈이 있는지 항상 확인하곤 한다. 문을 열어놓거나 창문을 열어놓아 미세한 틈이라도 만든다. 할머니는 사람이 잠을 자다 죽으면 영혼이 빠져나갈 곳을 찾는다고. 출구가 없으면 영원히 방안에 갇혀버리게 된다고 말씀하셨다."[11] 별다른 과학적 근거와 논리 없이 탄생한 미신은 실증의 물을 흐리는 사상으로 치부되곤 하지만 그래서 더욱 흥미롭다. 미신은 생각의 도돌이표 같은 강력한 믿음보다도 인간의 처절한 발버둥, 연약함 따위를 보여주는 잔인하고 아름다운 이야기다. 수학, 물리학, 철학 등의 책이 운집된 서가에서 유일하게 존재하는 시집이 있다면 나는 그것을 미신이라고 부르리라.

어느 날엔 유튜브로 〈유 퀴즈 온 더 블록〉을 보다가 특수청소 전문가 김새별이라는 인물을 알게 되었다. 생소한 직업인지라 특수한 청소란 무엇인가 가만 들어봤더니 고독사, 자살, 살인 등의 현장에서 유품을 포함한 시신의 흔적을 정리하는 일이었다. 그는 장례 지도사로 일하다가

유족의 물건을 치워달라는 특별한 부탁을 받고선 이 일을
시작했다고 했다. 영상에서 짧게나마 현장의 악취에 대해
엿들을 수 있었는데, 다른 묘사보다도 "청소 후에 귓속까지
냄새가 밴다"는 말이 내게도 오래 배었다. 후에 그가
《떠난 후에 남겨진 것들》이라는 책을 썼다는 것을 알고
도서관에서 대출하여 좀 더 구체적인 사연까지 읽어보았다.

자신의 성적에 지나치게 집착했던 엄마를 살해한 아들,
홀로 딸을 키우며 병을 숨긴 채 죽은 아버지, 전원이 켜진
전기장판에서 고독사한 노인, 부모의 이혼 이후 하와이로
유학 간다고 해놓곤 제주에서 자살한 딸, 집주인에게 언젠가
집에서 숨을 거두게 되어도 괜찮겠냐고 묻고선 자연사한
할머니. 책엔 수많은 죽음과 함께 남겨진 이들의 추하고
슬픈 면면이 쓰여 있었다. 나는 그 책 위에 글자들이 점차
종이에서 빠져나와 콧속으로 들어오는 것만 같은 생생한
경험을 했다. 가령 이런 문장이다.

"박스에 넣기 위해 이불을 집어 들어내는데 빨래에서
물이 떨어지듯 부패물이 뚝뚝 흘러내렸다. 전기장판에도
온통 유기산유가 스며 있었다. 전기장판은 불이 나기
직전처럼 뜨거웠다. (…) 황급히 전기장판을 걷어내는데

놀라운 일이 벌어졌다. 바닥에 오만 원짜리 지폐들이 빼곡히 깔려 있었다."[12]

한여름에 부글부글 끓는 음식물 쓰레기 정도가 내가 생각하는 최악의 악취인데 뜨거운 전기장판에서 오래 부패한 시신의 냄새라니. 문장이 바로 더 이어졌다.

"순간, 아들이 황급히 방을 나가더니 대야를 들고 뛰어들어왔다. 뭘 하려는 걸까. 나도 모르게 작업을 멈추고 아들을 쳐다보았다. 누가 뺏어갈까 봐 두려운 듯 아들은 허겁지겁 돈을 쓸어 담기 시작했다. 장갑도 끼지 않은 맨손이었다."[13]

물질에 대한 지나친 갈망은 미신도 밀어낸다. 과거에 미신을 믿고 실천하는 데엔 고인(혹은 신)을 노하지 않게 함으로써 살아있는 이들의 평온과 안전을 보장받기 위함이 있었다. 그렇기에 고인에 대한 두려움은 정중한 예우로 이어졌고, 그러한 예 중 하나가 제사였다. 제사는 살아있는 자와 망자 간에 이뤄지는 식사의 장이자 대화의 수단이다. 그러나 과학의 발전과 함께 합리주의가 부흥하면서 추측할 수 없는 세계에 대한 비합리적 행위, 즉 제사를 포함한 주술,

미신, 종교 등의 영역이 점점 밀려났다. 근대에 들어서면서 죽어서도 삶의 지분을 가졌던 망자들이 역할을 잃고 사라진 것이다.

현재는 죽음을 목격하는 일 자체가 현저히 줄어들었다. 죽음의 숫자가 줄어든 것뿐 아니라 죽음이 드리우는 자취, 죽음이 지닌 날것의 냄새를 감지하는 일이 희소해졌다. 벤야민은 각종 위생 시설과 사회 시설이 들어서면서 시민들이 더는 죽은 자를 마주하지 않게 되었지만, 그들 역시 소독적 시스템의 일환으로 죽음과 가까운 때가 오면 결국 요양소나 병원에 차곡차곡 안치된다고 했다. 벤야민이 19세기에 감지한 그 현상은 지금의 최첨단 병원 기술과 상조 서비스를 만나며 더욱더 견고한 공정으로 완성됐다. 능숙한 웨딩 플래너에 의해 예식이 일사천리로 치러지는 것처럼 몇 가지 옵션만 결정하면 고인과의 마지막 인사가 매끄럽게 이뤄진다. 그 결과, 우리는 죽음의 맨얼굴이 시사하는 메시지와 사유를 회수당하며, 결국 고인에 대해, 미신에 대해, 서로의 죽음에 대해 무감해졌다. 삶이라는 산 자들의 강력한 위생이 죽음을 몰아낸 것이다.

냄새는 존재의 중요한 증명 중 하나다. 세상에 돌,

유리, 도자기 등을 제외하면 거의 모든 것엔 냄새가 난다. 살아있다면 냄새가 나고 살아있지 않아도 난다. 오히려 후자의 경우에 더 짙은 냄새를 지녀 자신의 존재를 강력히 알린다. 나 여기에서 이렇게 죽어있노라고.

망자의 볼륨을 한껏 줄인 사회에서 어떤 죽음을, 아니 어떤 삶을 기대할 수 있을까? 많은 이들이 삶과 죽음을 분리하여 생각하지만 사실 삶을 완성하는 마지막 준비물은 죽음이다. 집값이 떨어지기 전에, 한시라도 빨리 다음 세입자를 들이기 위해, 부모가 남긴 돈을 차지하기 위해, 갖가지 고인 가족들의 요구로 서둘러 죽음의 흔적을 지워야 했던 김새별 청소전문가는 말했다. 사실 죽음이란 아름답지도 그렇게 추하지도 않고, 그저 삶과 같은 자연의 한 조각일 뿐이라고. 그러나 몇몇 이들은 영원히 짝수의 호흡을 가질 것처럼 산다. 〈유 퀴즈 온 더 블록〉 김새별 편의 베스트 댓글이 많은 것을 함축하고 있다. "죽은 사람보다 산 사람의 악취를 더 느끼는 직업이었네."

사람 냄새

향(fragrance)과 냄새(scent)는 미묘하게 쓰임이 다르지만 그 차이를 구분하기란 어렵다. 20여 년간 뉴욕과 로스앤젤레스에서 전문 조향사로 활동해온 셰리 세바스찬 또한 고백했다. "저는 이 산업에서 향수를 만드는 일에 몰두했음에도 불구하고 향(fragrance), 아로마(aroma), 냄새(scent) 등의 단어에 대해 그다지 깊이 생각하지 않았습니다. 사전적 정의에 따르면 큰 차이가 없지만 산업적 관점에서 볼 때 그들은 결코 동일하지 않습니다. 결국 '향기 산업'이라고 불리는 데에는 그럴 만한 이유가 있는 것이죠." 세바스찬은 향과 냄새의 미약한 차이를 인정하지만 그것이 끝내 어떻게 다른지 설명하진 못한다. 나 또한 이 책을 쓰며 향과 냄새의 단어 사이에서 여러 번 고민했다. 그리고 그 고민은 10년 전 처음 에디터로 일했을 때부터 꾸준히 헷갈리던 어떤 단어를 떠올리게 했다. 나는 향과 냄새만큼이나 사람과 인간의 차이를 구분하지 못했다.

다행히 그 혼란은 인류학자 김현경의 저서 《사람, 장소, 환대》를 읽고부터 잠재워졌다. 작가는 책에서 사람과 인간을 명료히 분류하는데, 나는 그것이 향과 냄새의 차이로 읽혔다. "사람임은 일종의 자격이며, 타인의 인정을 필요로 한다. (…) 인간이라는 것은 자연적 사실의 문제이지, 사회적 인정의 문제가 아니다. 어떤 개체가 인간이라면, 그 개체는 우리와의 관계 바깥에서도 인간일 것이다."[14] 완벽히 같은 비유라고 할 순 없지만, 향도 사람이라는 속성처럼 외부에 의해 재단되고 가치를 부여받은 인상이 있는 반면, 냄새는 인간의 정의와 같은 고유한 불변성이 느껴진다. 예를 들면, 강아지의 꼬순내, 생선의 비린내, 인간의 겨드랑이 냄새 등과 같이 각 개체만의 강렬한 체취는 향보다 냄새라는 단어가 더 적합하다. 냄새란 아무래도 절대적이고 날것의 뉘앙스가 풍기는 것이다. 똥 냄새처럼.

향보다 냄새와의 조합이 자연스러운 또 다른 단어가 있다. 어떤 존재가 약점이나 부족한 점을 드러낼 때 우리는 흔히 "사람 냄새 난다"라고 표현한다. 사람 냄새 대신 '사람

향'이라는 단어로 조합해볼 수 있지만 어쩐지 파트리크 쥐스킨트의 소설《향수》속 사람으로 만든 향수가 떠오르고, 인간 냄새로 대체하자니 사람 냄새만큼 퍽 흡착된 느낌은 아니다.

"사람 냄새 난다!" 다시 문장을 곱씹어보니 얼핏 관대하고 자애로운 표현같지만 자세히 살필수록 묘한 껄끄러움이 느껴진다. 그 문장 안에는 이미 말의 '범주'가 마련되어 있기 때문이다. 사람 냄새라는 표현 자체가 사람 냄새를 지닌 자들이 사용하는 것이 아닌 그들 밖의 외부인, 즉 사람 냄새가 나지 않는 자들이 아량 혹은 이미지 쇄신을 목적으로 차용하는 수식어이기에 발화의 불균형에 이른다. 사람 냄새 나는 시장, 사람 냄새 나는 마을, 사람 냄새 나는 문화. 지금의 사람 냄새는 현수막에 걸려 펄럭이는 텅 빈 마케팅 수단이 된다. 우리는 그 말의 쓰임을 유독 정치인들에게서 발견할 수 있다. 정치인들은 선거철이 되면 사람 냄새를 '얻기' 위해 재래시장 상인들과 악수하고, 고시원 체험을 하고, 연탄을 나르고, 모르는 아이의 머리를 쓰다듬는다. 어떤 정치인들에게 사람이란 자신이 살피고 돌봐야 하는 존재이고, 사람 냄새란 뼛속까지 밴 서민들의 생활 체취를 뜻한다. 그들은 사람 냄새의 의미와 한계를 제대로 간파하고 있다. 그것은 향이 아니라 본래의 특성을 지닌 '냄새'이기 때문에 가질 수 없다는 걸 알거니와 가지고 싶은 마음도 없어서 한철 액세서리처럼 빌리고 마는 것이다. 범속성을 지닌 단어는 오히려 특권자가 이용하기에 알맞다.

몇 해 전 단편영화 〈사람냄새 이효리〉가 화제가 된 적이 있다. 이옥선과 구교환이 연출을 맡은 19분짜리 영상이다. 주인공으로 나오는 삼 남매 교환, 시영, 달기는 교환의 코피가 멈추지 않는 병을 이용해 혈서를 써서 생계를 유지한다. 슈퍼스타 효리는 삼 남매에게 혈서를 요청한 의뢰인으로 그들을 집으로 초대한다. 효리는 예능 〈효리네 민박〉에서 익히 본 장면처럼 삼 남매 앞에서 친근한 모습을 보인다. 트림을 하고서 "미안, 나 너무 사람 냄새 나지?" 하며 웃을 정도.

사실 삼 남매는 과거 한 티브이 프로그램에서 효리를 만났다. 화면 속 효리는 화려한 모습으로 삼 남매의 좁은 집에 앉아 대화를 나눈다. 그 과정에서 효리는 달기가 비밀스레 가지고 싶은 것이 햄스터임을 폭로하는데, 그 계기로 삼 남매의 인생이 완전히 바뀌게 된다. 뒤늦게 사연을 알게 된 효리는 죄를 뉘우치듯 두 손바닥을 경건히 내려놓고 고개를 숙인다. 두 남매는 이제 괜찮다며 안절부절못하면서도 내심 좋아하는 눈치다. 고개를 든 효리가 말한다. "… 요가야." 천천히 그러나 명백하게 분노가 차오른 두 남매는 효리를 둘러싼 채 사과를 요구한다. 한편 아수라장 같은 상황 속에서 혈서를 쓰는 교환은 "그럴 수 있어!"라고 소리친다. 무엇이 교환에게 그럴 수 있었던 걸까? 만약 그럴 수 없었다면 그것은 무엇이었을까?

    사실 교환이 대필한 혈서의 내용은 효리의 살인 고백이다. 동물을 사랑하는 효리는 반려견을 잡아먹은 옆집 아저씨를 잡아먹었다. 효리는 아저씨를 먹고 트림하는 자신에게 사람 냄새 난다고 표현했고, 달기는 그런 효리의 행동을 기꺼이 여기며 맛있는 갈비 냄새 같다고 했다. 모든 상황의 유일한 교차점인 교환은 그럴 수 있다고 반복할 뿐이다. 영화를 보고 나면 각각의 캐릭터 상황과 이해관계가 꼬리의 꼬리를 물어 자신이 처음 생각했던 옳고 그름에 대해 선뜻 입을 떼기가 어려워진다. 그 무엇도 정답이 아닌 것 같아서.

    우리의 나름 굳건했던 도덕이 모호해지고 마는 이유는 바로 이러한 '사람' 냄새의 변성 탓이다. 냄새라는 고정적인 속성과 달리, 사람으로 불리기 위한 필수적인 사회의 인정은 구성원 혹은 구성원을 대표하는 몇몇에 의해 기준이 계속 변화한다. 그리고 그 판단은 앞서 언급한 정치인들처럼 힘 있는 자들이 권한을 갖는 경우가 많다. 누군가에겐 사람일 수 없는 사람이 누군가에게 사람일 수 있는 것이다. 특정 권력자의 죄를 묵인한 어느 판사처럼. 또 누군가에게 사람일 수 있는 사람이 누군가에에겐 사람일 수 없는 것이다. 특정 인종을 학살한 어느 인종처럼. 그렇게 사람 냄새는 역사 속에서, 사건 속에서 끊임없이 변화한다. 그런 냄새를 추적하다 보면 결국 하나의 의문에 다다른다.

과연 우리는 어디까지 사람일 수 있는 것인가?

5장

망각과 혐오

인간의
닳은 지문

상상해보자. 어떤 행위가 더 수치스럽게 느껴질까. 나를 뚫어져라 관찰하는 사람, 내 앞에서 소리를 지르거나 귀를 막는 사람, 서둘러 도망가는 사람…. 모두 당황스러울 만한 상황이지만 나는 내 가까이에서 코를 달싹이는 사람이 있다면 가장 민망할 듯싶다. 후각은 다른 감각들과 달리 중개소 역할을 하는 '시상'을 거치지 않고, 바로 정보 처리를 하는 대뇌 피질로 도달하기 때문에 즉각적인 반응을 내보인다. 그렇지만 그 반응이 어떤지 살피기도 전에 타인이 나의 냄새를 노골적으로 맡았다는 사실 그 자체에 께름칙함을 느낀다. 그것은 어떤 선을 건드렸기 때문이다.

알리 아바시(Ali Abbasi) 감독의 영화 〈경계선〉은 불편함투성이다. 첫 장면부터 그렇다. 항구 앞에서 주인공 '티나'가 때가 낀 손톱으로 벌레를 잡고서 한동안 지켜보다가 다시 제자리로 돌려보낸다. 그 짧은 시간에도 긴장감이 느껴지는 이유는 티나의 낯선 외모 탓이라고 짐작한다. 티나는 진화가 덜 된 인류의 얼굴을 가진 '트롤'이다. 그래서 스웨덴 어느 항구에서 유능한 출입국 관리소 직원으로 일하지만 외모 비하 발언을 듣거나 흘끔거리는 눈초리를 받는다. 그러나 사람들은 티나를 무시하면서도 줄곧 도움을 요청한다. 티나에겐 수치심, 분노, 죄책감, 불안함 등의 감정을 코로 감지하고 범인을 찾아내는 특별한 능력이 있기 때문이다. 또 다른 트롤인 '보레'도 그렇게 만났다.

    그러나 코의 직감을 믿고 보레를 멈춰 세운 티나는 그렇다 할 죄의 흔적을 찾지 못했다. 그의 가방엔 구더기 부화 장치가 있었을 뿐이다. 티나는 어쩐지 모든 걸 안다는 듯이 행동하는 보레를 경계하면서도 비슷한 생김새와 행동에 강한 이끌림을 느끼며 혼란스러워한다. 이후의 만남에선 티나가 먼저 떠돌이 신세인 보레를 자신의 집에 들이며 적극적으로 호기심을 드러낸다. 보레는 티나보다 훨씬 많은 걸 아는 트롤이다. 스스로가 트롤이라는 사실조차 몰라서 유전적 결함이 있는 인간으로 아는 티나와 달리,

보레는 자신의 정체성뿐만 아니라 인간 세계에서 트롤로서 살아가는 생존 방식까지 안다. 그런 보레는 마치 겁먹은 어린 동물을 길들이듯 티나의 억눌러진 본능을 살살 풀어내며 방출시킨다. 둘은 함께 구더기를 잡아먹고, 땅에 코를 묻은 채 버섯을 캐고, 알몸으로 숲을 뛰어다니고, 호수에서 비를 맞으며 포효한다. 그리고 인간에게 부여된 성의 기능이 바뀐 채 사랑을 나누고, 그 결과 티나가 아닌 보레가 임신하게 된다. 한차례 이어진 그들의 해방 장면. 영화 포스터로 사용될 정도로 기묘한 아름다움이 담긴 장면이지만 그걸 보는 나의 기분은 썩 유쾌하진 않았다. 나는 출처 모를 이 은은한 혐오를 혓바닥에 굴리며 해석해보려고 애썼다.

사실 나는 그들이 나무껍질에 붙어 있는 벌레를 먹는 것보다 코를 옴쭉거리며 냄새를 맡는 행위에 더 강하게 반응했다. 생각해보면 인간은 꽃이나 향수 같은 아름다운 자극이 아니고서야 냄새를 적극적으로 맡는 일을 밝히지 않는 듯하다. 조향사나 소믈리에같이 후각이 몹시 중요한 직업을 제외하고 어떤 것에 코를 들이미는 행위는 다소 비사회적인 행동처럼 보인다. 후각이 뛰어나다는 몇몇 동물의 이미지도 찾아보았다. 콧구멍으로 김을 뿜으며 땅을 더듬거리는 코끼리, 숲속 깊이 숨어 있는 버섯을 추적하는 돼지, 사자가 먹다 남긴 사체에 코를 묻는 하이에나, 서로의 엉덩이를 뒤쫓으며 정보를 주고받는 개. 그들의 세계에선 자연스러운 소통 방식이지만, 사회의 학습을 마친 인간의 눈엔 그들의 인상 또한 불편하게만 느껴졌다. 그러나 머지않아 화면 속 그들이 티나의 본능적인 행동과 별반 다르지 않고, 내 얼굴 또한 사실 티나와 크게 다르지 않다는 것을 인지함으로써 나의 머나먼 조상들이 차례대로 떠올랐다. 아마도 나는 티나의 원초적인 후각 행위를 보고 이제는 희미해진 동물성을 상기 '당한' 것에 불편함을 느낀 것 같다. 티나와 달라야만 한다는 은근한 손사래가 반려되었다. 영화는 내 안에 깊이 숨겨져 있던 선을 팽하고 건드렸다.

티나와 보레의 꼬리뼈 쪽엔 같은 흉터가 있다. 인간으로 살기 위해 꼬리를 제거한 — 정확히는 제거당한 — 흔적이다. 우리에게도 그러한 흔적이 있다. 인간이 지성보다 본능과 가까운 동물이었을 때 뇌는 지금처럼 복잡하지 않았다. 이전에는 식욕, 수면욕, 성욕 등 생존과 무의식의 기능을 담당하는 구뇌가 발달했다면, 진화 단계가 높아질수록 구뇌의 기능이 축소되고 지식을 습득하고 합리적 사고를 돕는 신뇌의 역할이 중요해졌다. 새로운 뇌의 발달로 인간은 더 이상 생존과 결부된 후각에 크게 의존할 필요가 없어졌다. 사냥감의 위치를 파악하고, 적과 아군 혹은 먹을 것과 먹지 못할 것을 가름하던 후각의 업무를 시각이 대체하면서 인간은 좀 더 우아한 자태로 이성적 판단을 하게 되었다(프로이트는 인간이 직립보행을 시작한 후 땅에서 코가 멀어짐으로써 후각이 쇠퇴하고 시각의 중요도가 높아졌다고 주장했다). 그 과정에서 인간은 감각의 의존을 넘어서 사유의 명확성을 갈망하며 정의·질서·규율·계급 등 구분하기의 개념을 발명했다. 그렇게 몸집이 거대해진 이성의 감각에 밀려난 후각은 우리 신체에 미미한 터로서 겨우 남아 있게 됐다.

이러한 뇌의 변화에 기초해 후각 기능이 뛰어난 티나가 신뇌보다 구뇌가 발달했을 것이라 가정해보면, 그는 자연의 사다리 개념에서 인간보다 하등한 위치에 놓일 것이다. 그러나 티나는 인간이 제작한 서열을 무효화하고 자신이 선택한 자리에 선다. 영화 후반부의 이야기다. 어느 날 경찰의 요청으로 중대한 수사에 참여하게 된 티나는 수상한 커플의 냄새를 쫓아 집에 잠입하게 되는데, 그곳에서 아기의 흔적과 아동 포르노 테이프를 발견한다. 그리고 그 제작자 커플을 돕는 이가 보레라는 사실도 알게 된다.
티나는 우레와 같은 소리를 내며 분노하지만 보레는 오히려
당당하다. 자신의 부모와 티나의 부모를 정신병원에 가두고
결국 죽음에 이르게 한 인간의 행위에 대한 정당한 복수이기
때문이다. 보레는 더 나아가 티나에게 트롤 무리가 있는
핀란드로 떠나자고 제안한다. "당신은 인간이 아니"라면서.
그러나 티나는 말한다.

"누구도 해치기 싫어요. 이렇게 생각하면 인간인가요?"

아리스토텔레스에 관한 여러 책을 번역한 철학과
교수 조대호는 저서 《아리스토텔레스: 에게해에서 만난
인류의 스승》에서 "인간은 지성 덕분에 생물적 삶을 신적인
수준으로 끌어올릴 수 있지만, 거꾸로 그 삶을 짐승 이하의
수준으로 끌어내릴 수도 있다. 그래서 지성을 가진 인간은
위대하면서 위험한 존재다. (…) 자연의 사다리 꼭대기에
올라섰지만, 바로 그 '능력' 때문에 추락의 위험성을 항상
안고 산다는 말이다"[15]라고 했다. 나는 자신들이 만든
사다리에서 도통 내려올 생각을 하지 않는 인간보다도
코를 킁킁대며 살아가는 티나가 공존에 있어 더 긍정적인
역할을 한다고 본다. 적어도 티나는 인간과 트롤, 정상과

비정상, 다수와 소수라는 경계선에서 자신의 존재와 역할을
고민해본 자이다. 또한 인간이 자신과 자신의 종족을
이용하고 경멸했음에도 불구하고, 끝내 인간을 악이라는
하나의 답으로 압축하지 않은 자이기도 하다. 생명이라면
모두가 불완전하고, 그래서 그런 구분과 차별이 이 한번의
삶에서 얼마나 부질없는지 알기에.

　누군가 함부로 그어 놓은 선에 의해 영영 못 돌아오는
존재가 있다. 그러한 경계선은 가시적이든 그렇지 않든 간에
금방 읽히고 마는 것이어서 의식하지 않은 사이 타자의
삶에 쉽게 상처를 낸다. 애초에 선한 마음이 타고 나면
좋겠지만 그렇지 못한 나는 바닥의 얼룩을 청소하듯 차별과
편견의 선을 문지르고 또 문지른다. 그리고 되새긴다. '나는
인간이다. 나는 호모 사피엔스다. 나는 포유류다. 나는
양서류고, 어류다.'

　그러면 인간이라는 이유로 발꿈치를 들려던 나의
존재는 바람에 누그러지는 풀포기처럼 순하게 눕혀진다.
그 순간엔 무엇이 되어도 좋고 아무것도 아니어도 좋다.
정말 그렇게 된다. 진은영 시인의 시집 뒤편에 쓰인
엠페도클레스의 문장처럼 "나는 이미 한때 소년이었고

소녀였으며, 덤불이었고 새였고, 바다에서 뛰어오르는 말 못하는 물고기였으니"[16], 우리는 사실 아주 먼 옛날부터 우리가 경멸하는 것들의 유전자가 모여 지금의 모습을 이룬지도 모른다. 싫어하는 타자를 자세히 들여다보면 나의 얼굴이 보인다고 하지 않는가. 나는 그 모순을 진심으로 이해하는 것이, 인간이 평온에 이르는 유일한 희망이라 생각한다.

피톤치드적 사유

여름날 공원 옆을 지나가다가 잔디 냄새를 맡게 되었다. 시끄러운 기계 소리가 들리는 걸 보아하니 잔디를 깎는 모양이었다. 고개를 돌려 분주한 일꾼들을 발견하곤 숨을 깊게 들이마셨다. 갓 깎인 잔디는 일반적인 풀 냄새보다 한층 더 짙고 신비로운 냄새를 풍겼다. 젖은 흙냄새와 약간의 금속 냄새. 풀을 꺾을 때만 맡을 수 있는 특유의 상처 냄새랄까. 나는 그 묘한 냄새에 본능적으로 끌리면서도 마냥 유쾌한 기분을 얻을 수 없었는데, 날카로운 원반형 칼날에 잔디가 가차 없이 잘리는 모습을 보아서인지 혹은 자연히 무덤에서 제초하는 모습이 연상되어서인지 알 수 없었다.

나중에 알고 보니 그러한 내 기분엔 타당한 이유가 있었다. 그날 내가 맡은 냄새는 식물이 손상을 입을 때

방출되는 유기 화합물로 GLVs(Green Leaf Volatiles)라고 불리는데, 해석하자면 적에게 보내는 경고이자 아직 위협이 가해지지 않은 구역에 알리는 위험신호였다. 만약 식물을 갉아 먹고 있는 존재가 초식 곤충이라면 육식 곤충에게 먹잇감을 알리는 신호로써 방어의 기능을 하고, 또 주변 식물에겐 소화 억제 물질을 만들어 적을 향한 방어 태세에 돌입할 기회를 준다. 아이러니하게도 그 식물들의 위급한 대화는 우리에게 향긋하게 느껴질뿐더러 청결에 큰 도움이 된다. 우리가 흔히 아는 피톤치드 또한 박테리아나 해충으로부터 자신을 보호하기 위해 내뿜는 식물의 화학물질 중 하나이고, 그러한 살생 효능 때문에 그리스어 'phyton'(식물)과 'cide'(죽이다)라는 이름을 가졌다. 각각 자살과 학살을 일컫는 'suicide', 'genocide'와 같은 어원의 뿌리를 가진 것에 충격받은 나는 뒤늦게 식물이 보내는 위기의 메시지를 향기롭다 여긴 자신에게 뻘쭘함을 느꼈다. 의도하진 않았지만 장례식장에서 크게 웃고 나온 기분. 그러면서 론 마라스코(Ron Marasco)·브라이언 셔프(Brian Shuff)의 《슬픔의 위안》에 등장하는 한 사연이 떠올랐다. 타이타닉호에서 살아남은 한 남자는 이상하게 야구장에서 홈런이 터질 때마다 울려 퍼지는 관중의 환호가 슬프게 느껴졌는데, 그 이유는 멀리서 들려오는 함성이 선객들이

물속에서 울부짖던 소리와 같게 느껴지기 때문이었다.
이렇듯 어느 괴로움이 누군가에게 즐거움이 되는 일 혹은 그
반대의 일은 신의 장난처럼 아무렇지 않게 일어난다. 마치
세상의 기쁨과 슬픔의 질량을 맞추기라도 해야 하는 것처럼.

    모두라고 할 수 없지만 대부분의 사람들은 고기 냄새를
좋아한다. 특히 베이컨이나 삼겹살 굽는 냄새는 길거리에선
보이지 않는 간판으로 이용되어 사람들을 불러모은다.
나는 그러한 간판들이 밀집되어 있는 거리를 경계한다.
고기 냄새를 유독 싫어한다기보다 (좋아하지도 않지만) 특정
냄새가 과하게 거리를 장악하는 행위가 거북한 것이다. 싫은
장면은 시선을 돌리면 되고, 싫은 음식은 먹지 않으면 되고,
싫은 소리는 귀를 막으면 된다. 그러나 냄새만큼은 그럴 수
없다. 코를 막고선 오래 버틸 수 없기 때문이다.

    어떤 사람들에게 고기 냄새는 공해를 넘어 트라우마다.
홀로코스트 생존자와 그들의 2세는 고기 냄새를 잘
맡지 못한다고 한다. 정확히는 고기가 '타는' 냄새인데,
그것을 맡으면 수용소 소각장에서 나던 사람 타는 냄새가
상기되면서 극심한 두려움과 공포에 빠지게 된다고.
부헨발트 수용소 생존자였던 스페인 작가이자 정치가,

호르헤 셈프룬(Jorge Semprun)은 홀로코스트를 목격한 사람들이 점점 사라지는 현상에 대해 〈엘 파이스(EL PAÍS)〉 인터뷰에서 다음과 같이 회고했다. "강제수용소에서 가장 끔찍하고 설명할 수 없는 유일한 게 무엇인지 아나요? 고기 타는 냄새. (…) 내 머리에는 아직 그곳에서의 주요한 냄새가 살아있습니다. 그러나 설명할 수 없어요. 그 냄새는 이미 고인이 된 생존자들과 함께 사라졌기에, 결국 나와도 함께 사라질 것입니다." 셈프룬은 홀로코스트 문학에 큰 도움을 남기곤 2011년에 생을 마쳤다.

만약 셈프룬처럼 한 사람에게 어느 냄새가 잊히지 않고 끊임없이 작용한다면, 정말 그 냄새에 대한 감정이 다음 세대로 되물림되는 게 가능한 일일까? 후성유전학에선 세대를 거쳐 이어지는 기억의 유전자가 존재한다고 말한다. 이런 후각 실험이 있다. 미국 에모리대학교 의과 연구팀은 수컷 쥐에게 벚꽃 향기가 나는 아세토페논(acetophenone)을 맡게 하는 동시에 전기 충격을 주어 쥐에게 벚꽃 향기와 공포를 세뇌했다. 이후 수컷 쥐는 3대 자손까지 두게 되고, 그들에게 벚꽃 향기를 맡게 하자 처음 맡는 것임에도 불구하고 펄쩍 뛸 정도로 민감한 반응을 보였다. 연구팀은 자손 쥐들의 뇌에서 벚꽃 향기를 감지하는 뉴런의 수가 평범한 쥐보다 더 많다는 사실을 발견함으로써, 정자 안에 냄새 정보를 알리는 무언가가 존재한다고 추정하며 냄새와 관련된 트라우마가 세대 간에 영향을 미친다는 사실을 일부 증명했다. 그러나 한 세대가 가진 냄새에 대한 공포는 다음 세대에서 똑같은 공포로 이어지는 것이 아니라 같은 냄새에 대한 민감성으로 대물림되는 것이라고 구분했다.

셈프룬에게 과거는 인두로 지져져 잊힐 수 없지만, 또 다른 피해자는 너무 괴로운 나머지 기억을 포기한다. 망각은 고통을 잊게 해주는 진통제이자 보호막. 그러나 피해자가 아닌 관찰자의 의지적 망각은 부작용처럼 역류한다. 그것은 의지가 개입된 기억의 제거이기에 스티커를 뗀 자국처럼 우리 뇌에 흔적을 남긴다. 그리고 시간이 지나서 다시 마주하는 그 흔적 앞에서 우리는 그것이 무엇이었는지 고심하다가 결국 기억해내고야 만다. 보기 불편해서 넘겨버린 뉴스 채널, 길거리에서 스쳐 지나간 누군가의 호소와 피켓 속 문장들…. 어느 날 다르게 감지된 잔디 냄새와 야구 경기장의 환호성처럼 예상치 못한 한 사건을 만나 완벽한 아픔의 형태로 읽히는 것이다. 그러므로 누군가의 평범한 일상이 누군가에겐 공해와 트라우마가 되는 것은 놀라운 일이 아니다. 자신에겐 해당하지 않는 일이라고 여기는 이도 있겠지만, 그런 사람들은 상처가 없는 것이 아니라 아직 상처를 읽지 못한 게 아닐까. 오랫동안 타인의 상처를 망각으로 대처한 탓에 감각이 무디어졌고, 그로 인해 자신의 상처마저 인식하지 못하게 된 것이다.

어둠이라는 안락함에 머무는 사람들은 질문하지 않는다. 왜라고 물음으로써 밝혀지는 장면이 불편하기 때문이다. 그러나 왜라고 묻는 행위는 진실을 캐내는 과정에서 필연적으로 상처받을 수밖에 없는 일이자, 동시에 두 번 다시 같은 상처를 받지 않겠다는 종지부적 다짐이기도 하다. 따라서 왜라고 묻지 않는 사람들은 절대 상처받지 않겠다고 다짐하지만 결국엔 같은 상처의 원형에 복무하게 된다. 자신의 현 상태를 훼손당하지 않기 위한 외면과 망각에도 불구하고, 계속되는 상처를 얻는 것이다.

가톨릭교 아동 성추행 사건을 다룬 영화 〈스포트라이트〉의 한 대사가 그 굴레를 잘 보여준다. "사람들은 늘 어둠 속에서 넘어지며 살아가요. 갑자기 불을 켜면 탓할 것들이 너무 많이 보이니까요." 어둠 속에서 매번 넘어지는 것은 사실 내가 아니라 내 영혼이다. 영혼이 다치는 일, 나는 그것이 인간이 겪는 가장 큰 상처라고 본다.

그러니까 어둠에 계속 남아 있는 존재는 나쁘거나 교활한 인간이 아니라 결국 가장 아픈 인간이 되는 것이다.

스무스한 혐오

후각의 특징이나 고정관념을 어느 정도 터득하면서부터 후각적 표현을 썼을 법한 작가를 추측하는 일이 쉬워졌다. 나는 일종의 게임처럼 서점과 도서관에서 제목이나 작가의 성향을 바탕으로 책을 고른 뒤, 냄새나는 문장을 찾곤 했다. 그리고 그 게임은 나의 책장 앞에서도 이뤄졌다. 이미 가진 책 중에서 가늠해보는 것이었다. 재밌게도 예상은 대부분 맞아떨어졌다. 김수영, 이청준, 최승자, 니코스 카잔차키스, 프란츠 카프카, 장 폴 사르트르, 샤를 피에르 보들레르 등 자신과 세상의 폐부에 대해 거침없이 말하는 작가들이 후각적 용어 혹은 후각적 상상을 유발하는 표현을 잘 사용했다. 그중 조지 오웰, 무라카미 류, 이연주는 내가 아는 한 가장 적나라하고 냄새나는 작품들을 썼다. 먼저 조지 오웰의 영국 탄광촌에 관한 르포르타주《위건

부두로 가는 길》은 먼지와 석탄가루 냄새가 노동자의 땀에 절여져 있다. 그가 어렸을 때부터 인이 박이게 들었던 '아랫것들'에게서 나는 냄새다. 오웰의 후각 표현이 얼마나 유명한지 《오웰의 코》라는 책이 있을 정도다. 패전 후 미군 기지촌을 배경으로 일본 젊은이들의 방종을 담은 무라카미 류의 《한없이 투명에 가까운 블루》엔 방치된 음식에서 나는 곰팡내와 인종 차별적 용어가 버무려 있다. '내장이 발효될 것 같은 흑인의 땀 냄새', '썩은 게살 냄새와 같은 백인 여자'라는 표현이 그렇다. 이연주 시집 《매음녀가 있는 밤의 시장》은 앞선 표현과 비슷한 듯하지만 좀 더 약품의 냄새를 풍긴다. 세상의 많은 매음녀가 마주했을 수술대의 찬 기운과 소독약의 알싸함이 번번이 그려진다. 시인은 대체로 냉소적인 농을 걸고 가끔은 항복하듯 지독한 삶의 냄새로부터 쉬고 싶다고 말한다. 요즘 출간된 책에선 이러한 후각 표현은 좀처럼 찾아보기 힘들다. 시인들이 단편적으로 사용하거나 그 이외엔 한강의 《소년이 온다》처럼 과거 학살이나 폭력의 현장을 서술할 때에 사용되는 듯하다. 점점 문학의 세계에서 후각이 멸종하고 있다. 그 이유는 무엇일까. 이제는 광부가, 마약중독자가, 매음녀가 존재하지 않는 걸까?

용인에 있는 학교에서 집으로 올 때 스쿨버스를 놓치면 한 시간 남짓 걸리는 버스를 타고 수원역에 내려서 다시 지하철을 타야 했다. 나는 버스에서 숙면하다가도 수원역에 도착할 즈음이면 놀라우리만큼 정확하게 깨곤 했다. 그 당시 역 주변에 성매매 집결지가 있었는데, '청소년출입금지구역'이라 쓰인 새파란 가림막이 있어 내심 궁금한 것이었다. 버스는 무심한 속도로 이동했지만 나는 그곳으로 들어가는 남자와 그곳에서 나오는 여자의 얼굴이란 어떤 것인가 구경하기 위해 시선을 끝까지 고정했다. 물론 대낮부터 업소를 드나드는 사람은 없었으므로 바람에 나부끼는 가림막만 보았다. 돌이켜보면 나는 굉장히 명랑하고 근시안적인 태도를 지녔던 것 같다. 순수한 호기심도 혐오의 형태가 될 수 있다는 점을 인지하지 못한 것과 '성매매는 근절되어야 한다'라는 백일장 문구 같은 것으로 생각을 매듭지은 일이 그렇다.

그리고 뒤늦게 와 생각한다. 그 사람들은 다 어디로 갔을까? 수원역 성매매 집결지는 2022년에 와해되었다. 전국의 성매매 집결지 열두 곳은 이미 사라졌으며, 현재 열 곳 정도 남았지만 대부분 폐쇄 과정에 있다. 수원역 기사를 좀 더 찾아보니, 어렸을 때부터 업소에서 일한

나이 많은 여성들은 새로운 직업을 찾는 데 어려움을
겪는다고 했다. 물론 지자체의 도움도 있었지만 그
조건은 탈성매매였으므로, 대부분 여성은 지난 삶의
관성을 따른 듯했다. 자활 지원을 받은 이들은 150명
중 39명으로 26퍼센트 정도. 그중 한 명은 한강에서
발견됐다.*

    이런 식의 위생 작업은 사실 놀라운 일이 아니다.
성매매 집결지도 도축장, 하수처리장, 쓰레기 매립지,
소각장과 같은 혐오 시설로 간주되어 도심에서 밀려났을
뿐이다. 열악한 환경에서 일하는 최하층 사람들은 고대부터
악취의 무리로 분류됐으므로 성매매가 불법이라는 사실에
앞서 성매매 여성들이 모여 있는 집단 공간이 혐오 시설로
취급되는 것은 놀랍지 않다. 그렇지만 성매매 집결지가
앞서 언급한 시설들과 다른 점은 공기나 하수를 통해
신체에 직접적으로 유해한 영향을 끼칠 가능성은 없지만,
교도소나 정신병원같이 부정적인 인상을 조성하여 청소년
교육 환경과 마을 경제에 해를 미칠 가능성이 있다고
여기는 것이다. 우리 동네에도 모텔과 북창동식 술집들이

---

* https://www.nocutnews.co.kr/news/5580684

즐비한 골목이 있다. 그 길 위로 거품 낀 가래침과 함께 지구촌 여성들이 명함이 되어 나뒹굴고 저녁엔 술에 취한 사람들로 가득해서 자연히 그쪽 길을 피하게 된다. 현재 어떤 위험이나 불쾌함을 감지했다면 자연스러운 반응이다. 그러나 내가 흥미를 느끼는 지점은 수원역 성매매 집결지가 폐쇄된 지 2년이 훌쩍 지난 지금도 해당 상권의 활성화가 부진하다는 사실이다. 군 공항으로 인한 건물의 고도 제한 문제도 있겠지만, 아직까지 성매매 집결지였다는 '인식' 탓에 방문객 자체가 적은 편이라고 관련 업자들은 말한다.

혐오는 부패한 시신이나 썩은 음식을 마주할 때의 메스꺼움 같은 신체 반응뿐 아니라 개인 혹은 공동체가 정의한 사회의 위생에서 어긋난 존재를 마주할 때의 윤리적 반응을 살필 수 있다. 두 가지 반응을 유도하는 원리는 같다. 혐오의 대상이 실제 나를 위협할 가능성이 없음에도 마치 내게 손을 뻗어오기라도 하는 듯 전염을 상상하게 만든다는 점이다. 그렇다면 2년도 전에 사라진 성매매 집결지가 지금의 우리를 오염시킬 수 있다고 믿는 현상을 어떻게 설명할 수 있을까? 혐오 시설에서 시설을 빼면 답이 나온다. 시설은 이미 해체되었기에 공간으로부터 어떠한 정신적·경제적 피해를 주장할 수 없으므로, 특정 대상에 대한 혐오의 지속이라는 해석만 남는다. 그것이 앞서 부동산 업자들이 말한 '인식'일 것이다.

◊

혐오의 패턴은 나병 환자와 요양소의 관계에서도 살펴볼 수 있다. 중세 말 일부 유럽에선 나병이 사라진 후 나병 요양소를 광인의 병동으로 이용했는데, 그것은 자연스러운 흐름이었다. 나병이 유행할 당시 나병 환자는 건강한 사람에게 고의적으로 병을 전염시키는 죄인으로 매도되어 처형당하거나 철저히 격리되었고, 그 고립으로 그들은 더욱 정신적 상해를 입은 은둔과 공포의 존재로서 강제될 수밖에 없었다. 미셸 푸코는 《광기의 역사》 앞 장에서 나병의 소멸에도 불구하고 세기를 거듭하여 구생하는 비슷한 형상과 의례에 대해 언급한다. "아마도 나병보다 더 오랫동안 남아 있고, 또한 나병 요양소들이 이미 여러 해 전부터 텅텅 비게 되는 시대에도 존속하는 것은 바로 나환자라는 인물에 달라붙은 가치와 이미지이고, 사람들이 이 인물의 주변에 신성불가침의 원(圓)을 그린 후에야 비로소 떨쳐버릴 수 있는 것은 바로 이러한 축출의 의미, 이 인물이 사회집단에서 차지하는 중요성이다."[17]

혐오는 후각과 가장 밀접한 관련이 있다. 다른 감각과 달리 후각은 코로 들어온 분자가 체내화되기 때문에 더욱 민감하고 즉각적인 반응을 보인다. 나치는 이러한 점을 아주 잘 꿰뚫어 유대인 박멸을 위한 핵심적인 방법으로 이용했다. 나치의 탄생 훨씬 이전부터 이어져온 유대인 박해의 역사 속에서 유대인은 이미 참을 수 없는 악취를 풍기는 존재로 취급당했기에 나치는 세계의 청결이라는 명목하에 홀로코스트를 자연스레 수행할 수 있었다. 그러나 그들의 진정한 악은 자신의 숭고를 위해 유대인을 더 극한 오염 속에 몰아넣었다는 점이다. 수용 인원에 비해 턱없이 적은 화장실과 샤워실, 무엇보다 제대로 씻을 시간도 주지 않음으로써 유대인의 비위생을 유지시키고, 그로 인한 반사적 혐오로써 폭력을 정당화하여 죄책감에서 벗어나기를 시도했다.

이러한 냄새의 권력은 영화 〈기생충〉에서도 잘 드러난다. 처음 영화를 보곤 동익과 기택의 관계에만 주목하여 계급사회의 부조리함과 부당함을 느꼈지만 이내 그것이 '성매매는 근절되어야 한다'와 같은 백일장 문구스러운 시각과 비슷하다는 것을 깨달았다. 동익의 기택을 향한 혐오 패턴은 익숙하고 단순하다(그래서

절망스럽지만). 지하에 머물러야 할 오염 물질이 지상으로 역류했을 때의 거부 반응이다. 동익은 그 오염 물질의 냄새를 '김 기사님 스멜'이라 부르며 모발 약과 행주 삶을 때 나는 냄새와 비교하다가 마침내 '지하철을 타면 나는 냄새'라고 정의한다. 서울에서 가장 많이 이용되는 교통수단은 지하철이다. 나를 포함한 다수의 시민이 김 기사나 다름없다는 뜻인데, 이때 동익과 같은 인물에겐 우리가 반지하에 살든 지하에 살든 중요하지 않다. 그에게 지하는 다 같은 지하일 뿐이므로. 지하에 주거하고 지하의 교통수단을 이용하는 개개인은 단수로서 존재하지 못하는 것이다.

그러나 우리는 반지하와 지하를 구별한다. 아니 구별하고자 한다. 문광이 충숙에게 지하 벙커에 사는 남편 근세의 먹을거리를 부탁하며 불우이웃끼리 서로 돕자고 말할 때, 충숙은 눈을 부릅뜬 채 자신들은 불우이웃이 아니라며 소리친다. 심지어 기택이 모는 차에서 코를 막고 문을 여는 연교처럼, 기우 또한 지하 벙커의 계단을 내려가면서 코를 막는다. 동익의 막내아들 다송은 기택과 충숙, 기정에게서 같은 냄새가 난다고 말했으나 기택 가족은 자신들이 문광 부부와 다른 냄새가 날 거라고 믿을 것이고, 어쩌면 진짜 그 차이를 발견할지도 모른다. 그러나 두 가족의 혐오는 결국 동족상잔의 비극으로 해석된다. 왜냐하면 영화의 클라이맥스인 살인이 난무하는 상황에서 근세 앞에서 코를 막는 동익의 행위가 기택의 분노를 걷잡을 수 없게 만들었기 때문이다. 만약 기택이 스스로 근세와 다르다고 생각했다면 동익의 행동은 근세에게만 해당하는 모욕적 행위이며 살인까지는 이어지지 않았을 것이다. 동익의 이기적인 요구에도 차 키를 던져준 장면이 그 일말의 가능성을 보여준다. 그러나 기택은 결국 근세와 다르다는 부정을 근세가 생활했던 지하 벙커로 들어가는 행위로써 완벽히 긍정하게 된다. "그때 대문을 나올 때 순간 깨달았다. 어디로 가야 되는지." 혐오에 걸려든 우리는 모르지만 혐오의 구조는 엔딩을 안다. 하는지가 아닌 되는지로 문장이 끝나는 이유다.

◇

문학에서 후각이 사라진 이유는 혐오가 사라져서가 아니다. 혐오의 명확한 출처를 알고자 하지 않은 채 극혐이라는 손쉬운 단어로 생각을 단절하는 사람들이 늘어나서다. 극혐 노인, 극혐 애엄마, 극혐 외노자, 극혐 장애인. 극혐과 특정 인물이 결합된 문장을 듣는 순간,

실제 겪지 않았음에도 뉴스나 인터넷을 통해 전해 들은
극혐의 순간들이 체내화되어 순식간에 증식한다. 그 결과가
어떠한가. 지상에서 지하로, 내부에서 외부로, 삶에서
죽음으로. 혐오의 행위가 너무나 스무스해졌다.

   내가 보이지 않는 사람들을 궁금해하는 이유는
단순하다. 그저 어느 날부터 그들이 보이지 않아서다.
동대문역사문화공원역에서 양복을 입고 손톱깎이와 쇠구두
주걱을 파는 키 큰 할아버지와 삼각지역에서 종이부채를
들고선 3천 원어치 엿을 팔던 할아버지와 사당역 환승
구간에서 손수건을 몇십 장 모아놓고 팔던 할머니와 수원역
성매매 집결지에서 흩어진 74퍼센트 여성의 행방이 나는
여전히 궁금하다. 그리고 묻는 것이다.

   아주 오래전부터 인류가 우려해야 했던 전염은
혐오라는 질병 아니었을까?

6장

상흔과 희망

냄새의
실종

눈 오는 어느 겨울날, 갤러리를 빠져나오며 자문했다. 왜 이것엔 냄새가 없는가? 베를린 아트위크에 한 전시장에서 클레멘스 크라우스(Clemens Krauss)의 〈Self-portrait as a child〉(2017)를 보고 나오는 참이었다. 인체의 내부를 이루는 뼈와 피, 장기와 근육, 신경 등이 제거된 채 작가의 소년 시절이 복각된 모형은 잔약한 가죽의 형태로만 남아 무방비하게 앞과 뒤를 보여주었다. 작품은 섬뜩할 정도로 털, 손톱, 홍조 등 세세한 부분까지 잘 구현되었는데, 가까이에서 보면 볼수록 그 체취를 상상하기 어려웠다. 단지 실리콘으로 만들어졌기 때문만은 아니었다. 고야나 베이컨의 작품은 평면의 캔버스 안에서도 지독한 냄새를 풍기니까. 심지어 베이컨은 그리스 극작가 아이스킬로스의 시행을 너무 좋아한 나머지 "인간의 피

냄새가 내 눈을 떠나지 않는다"라고 문장을 스스로 변형하여 말하고 다니곤 했다. 나는 크라우스의 작품을 휴대폰 메모장에 저장한 후 언젠가 이 물음에 대한 답을 풀어보리라 마음먹었다.

이후 그의 작품이 다시 내 마음속에 등장한 건 우연한 일이었다. 어떤 검색어였는지 잘 기억나진 않지만, 구글링하다가 콜롬비아 출신의 예술가 도리스 살세도(Doris Salcedo)의 〈Atrabiliarios〉(1992-2004)를 발견하며 또 한번 비슷한 인상을 얻었다. 실종된 여성의 신발을 전시한 이 작품에서도 냄새가 부재한 것이었다. 신체에서 가장 많은 땀을 배출하는 발, 그것을 감싸고 있던 물건임에도 냄새를 상상하기 어려웠다. 크라우스가 재건한 청소년기의 신체 또한 왕성한 호르몬 분비로 마땅한 냄새를 생산해야 했지만 어떤 이유로 냄새가 분자를 이루길 포기한 듯 보였다. 냄새의 근거는 자명하지만 냄새가 없는 현상. 두 작가는 '탈맥락화'와 '부재'라는 주제에 집중했다.

〈Atrabiliarios〉는 갤러리에 벽감(벽면을 오목하게 파서 만든 공간)을 마련해 실종자의 신발을 세워두고, 소의 방광을 늘려 만든 불투명한 막으로 벽감을 밀봉한 뒤 가장자리를 외과용 실로 봉합한 설치 작품이다. 신발의 실루엣은 가늠할 수 있지만 그렇다고 해서 선명하게 보이는 건 아니다. 입체적인 물체보다는 사진이나 그림 같아서 아무리 가까이에 눈을 대고 보아도 자세히 보이지 않고 그저 불투명함이 얼마나 불투명한지 확인될 뿐이다. 집의 내부를 훔쳐보는 행인을 커튼으로 저지하듯 작가는 베일의 성질을 이용해 관람객을 반 차단한다. 그럼으로써 작품과 관람객 사이엔 어느 거리가 생기는데, 그것이 실종이라는 묘연하고 뿌연 속성을 보여준다. 관람객은 신발을 자세히 살필 수 없는 상태가 곧 신발 주인의 생사를 알 수 없는 실종자 가족의 처지라는 것을 깨닫는다.

살세도가 태어난 콜롬비아에선 1964년부터 2016년까지 약 반세기 동안 세계에서 가장 긴 내전이 이어졌다. 정부, 극좌 게릴라 집단, 극우 민병대, 범죄 조직 간의 권력 쟁탈로 납치, 강간, 고문, 살해가 빈번히 일어났다. 그중 '실종'은 생존도, 죽음도 아닌 모호한 상태로 국가의 참상을 드러내지 않을 수 있는 가장 좋은 방법으로 채택되었다. 2011년 국제적십자위원회 기사에 의하면 콜롬비아 실종자 명단에 등록된 사람이 5만 명이었다.* 그 기사에서 산드라라는 여성은 행방불명된 남편의 종적을 찾지 않는 정부를 향해

"우리를 정말 죽이는 것은 침묵"이라며 호소했다. 살세도는 그러한 전쟁의 참상을 좇아 고집스레 현장 조사했는데, 그 과정에서 신발이 실종자의 신원을 확인하는 거의 유일한 방법으로 사용된다는 사실을 알게 되면서 전시를 구상하기 시작했다. 살세도는 말했다. "우리는 낡은 신발을 좋아하지 않음에도 불구하고 거리에서 신발을 볼 때마다 그곳에서 무슨 일이 있었는지 궁금해합니다. 그 신발이 있어야 할 곳이 잘못되었다는 것을 아는 것이죠."[†] 고속도로 가장자리에 아무렇게나 던져진 어린아이의 샌들 한 짝, 한적한 바닷가에 가지런히 놓여 있는 한 쌍의 구두. 이러한 장면들이 불러오는 불길함과 불안함을 우리 모두 은연중에 안다. 영화 〈조조 래빗〉에서 허공에 떠 있는 신발 또한 엄마의 영원한 부재를 알리는 중요한 상징이었다.

    살세도는 신발로써 폭력의 서사를 손쉽게 전달하려기보다 실종이라는 빈자리를 간접적으로, 은유적으로 표현하길 원했다. 그렇기에 신발엔 핏방울이나 과격한 마찰 자국이 없다. 그저 누군가의 쓰임이 배어 있을

---

* 2016년 국제적십자위원회는 보고서를 통해 콜롬비아 실종자의 수가 약 8만 명이라고 발표했다.

† https://www.moma.org/artists/7488

뿐인데, 일상에서 마주할 평범한 누군가가 사라졌다는 사실을 더욱 선명하게 보여준다. 실종은 보일 수 없는 것, 나 여기 있다고 말하지 못하는 것, 존재의 모든 신호가 사건에 의해 압류된 상황이다. 살세도는 실종의 '생략'이라는 특수성을 주인을 잃은 신발로써 목격하도록 만들었다. 그 때문에 우리는 어느 존재가 휘발되었다는 사실을 부드러운 교통사고처럼 맞닥뜨린다. "침묵, 이주, 부재, 폭력, 전쟁에 대한 모든 관념은 가능한 가장 고요한 방법으로 보여져야 합니다. 그리고 '겉으론 드러나지 않게' 다루어져야 합니다." 살세도에 관한 한 논문에 의하면 이 방식은 다큐멘터리 〈쇼아〉‡를 찍은 클로드 란츠만(Claude Lanzmann)의 방식과 같다. 영화는 빈터에서 시작된다. 그곳은 폴란드 헬름노에 유대인 수용소가 있던 자리로 이제는 홀로코스트의 흔적을 전혀 찾을 수 없다. 어쩌면 평화롭다. 감독은 학살의 증명을 사진이나 영상으로 보여주지 않는 대신 그 흔적이 '사라졌다는' 사실 자체로 나치가 꾀했던 철저한 소거의 계획과 희생자가 마주하는 공허한 풍경을 보여준다.

‡ Shoah. 히브리어로 절멸, 파국을 뜻하며, 일반적으로 나치에 의한 유대인 학살의 의미로 사용된다. 유대인들에게 종교적 희생이 함의된 홀로코스트보다 더 선호되는 표현이다.

크라우스 또한 소환할 수 없는 어린 시절을 복구했다는 점에서 위와 같다. 크라우스는 단순히 12살의 외형을 복원한 것이 아니다. 그 시절에 느꼈던 불안과 수치라는 미묘한 감정을 드러내기 위한 용기(container)로써 육체라는 껍데기를 빌렸다. 신체의 기둥을 이루는 뼈나 장기 따위를 제거한 것도 내외부의 혼란으로 인한 허물어짐, 유년의 영혼이 사라지고 남은 허물을 표현하기 위함이라고 해석되어진다. 이 형상 앞에서 어린 왕자의 마지막 장면을 떠올려볼 수 있다. 어린 왕자가 자신의 마지막 모습을 버려진 낡은 껍질과 같을 것이라 예견했듯, 그러고선 나무가 넘어지듯 조용히 쓰러졌듯, 이 작품 또한 신체가 '눕혀진' 순간에 집중하여 누구에게도 보호받지 못하는 여린 몸짓을 보여준다.

그렇다면 크라우스는 왜 여러 시기 중 초기 청소년기에 집중했을까? 작가가 전하고자 하는 '탈맥락화'라는 이탈의 메시지는, 폭발적인 성장에 비례하지 못한 외부의 몰인정 — 사춘기와 미성숙이라는 단어에 모든 행위의 원인과 감정이 뭉개지는 일 — 과 내부 사이에서 이뤄지는 홀라 현상으로, 경계에서 늘 서성거릴 수밖에 없는 소년이라는 존재가 이를 가장 잘 보여주기 때문이다. 크라우스는 모든 인간의 삶에서 가장 민감하고 갈등하는 단계가 십 대라고 했다.

크라우스의 작품을 자세히 보면 너무나 정밀한 탓에 징그럽다는 감상마저 든다. 그러나 이 작품의 목표는 이미지를 통해 완성된 충격을 전하는 것이 아닌, 인간의 잔악함이라는 뇌관의 메시지를 읽는 자로 하여금 그 내부에서 폭발하도록 하는 것에 의의가 있다. 그래서 〈Self-portrait as a child〉는 연약하지만 나약하진 않다. 작가는 타인에게서, 어쩌면 자신에게서 도륙된 신체를 전시하는 행위로써 반향을 유도한다. 그는 정치적 핫스팟에서 단절의 상황에 놓인 사람들의 이야기는 결국 몸을 통해 전달된다고 말한다. 그 몸이 설사 껍데기뿐이라 해도, 누군가에 의해 실종 혹은 죽음의 상태가 되었다고 해도 그의 말마따나 "그러한 부재는 숨기는 것만큼이나 드러나는 법"이므로. 그렇기에 크라우스의 〈Self-portrait as a child〉와 함께 살세도의 〈Atrabiliarios〉, 란츠만의 〈쇼아〉를 나란히 떠올릴 수 있다. 그것들은 관람객에게 공석을 제공한다는 점에서 정신적 참여를 유도한다. 자연히 그들이 제시한 신체에, 신발에, 빈터에 자신의 연약하고도 무력한 순간을 끼워놓게 되는 것이다. 그런 착용감은 어쩌면 몸에서 영원히 떠나지 않는다.

어느 책에서 봤는지는 모르지만 문장 하나를 기억한다. "언어에 감정을 담으면 고통이 없어진다." 개인이 후각의 언어를 취득하는 방법은 냄새를 기억하는 일뿐이다. 그렇다면 이 작품들에서 고통이 사라지지 않는 이유는, 이것의 주인이 현존하지 않아서, 기억할 냄새가 없어서, 결국엔 감정을 담을 언어가 없기 때문이 아닐까. 그러나 이는 발향에 실패했기에 완성된 작품이다. 냄새의 실종을 구현함으로써 관람객에게 불투명함이라는 고통을 남기어 성공한 작품들이다. 대상의 윤곽이 흐릿한 회화로 유명한 게르하르트 리히터(Gerhard Richter) 또한 선명한 그림보다 흐릿한 그림으로부터 더 많은 것을 목격할 수 있다고 했다. 어렴풋함은 이해하는 데 더 많은 시간을 요구하며 자연스레 시선을 오래 붙잡아둔다. 두 작품을 보고 맡은 지 어언 2년, 나는 이제야 그것들로부터 풀려난다. 그렇지만 여전한 고통과 함께.

기억의
수식

 인간에게 기억이란 선물일까, 상처일까? 더하기일까, 빼기일까? 동네 도서관에서 어느 가을날의 등교를 떠올리다가 문득 이런 질문이 떠올랐다.

 고등학생 시절, 보통 등교 시간 30분 전에 집을 나서서 버스를 타곤 했지만, 버스를 놓치는 날엔 그리 가깝다고 할 수 없는 학교까지 걸어갔다. 그날은 그러한 핑계로 늦장을 부리고 싶은 날이었다. 학원가와 아파트 단지, 공원을 지나며 천천히 걸었다. 유난히도 쾌청한 날씨였다. 비가 온 건지 아니면 안개 때문인지 땅이 젖어 있었다. 그런 날엔 아스팔트와 흙에선 질 좋은 드립커피 같은 풍성한 향이 났다.

 아무도 서 있지 않는 교문을 보란 듯이 느리게

걸으며 누군가 나를 봐주길 바랐던 것 같다.
구태여 1층부터 4층까지 왼쪽과 오른쪽을 오가며 지그재그로 층을 올랐다. 시식 코너에 들리듯 체육을 제외한 모든 교과음(音)을 청취하며 느긋하게 4층에 들어섰다. 그리고 마침내 교실에 다다랐을 때, 나는 섣불리 문을 열지 못했다. 내 앞에 길게 이어진 복도가 수상할 정도로 적막해 보였기 때문이다. 그 순간엔 공간의 핵심적인 무언가와 눈이 마주친 기분이었다. 정확히 무엇 사이에서 고민했는지 모르지만 아무튼 교실에 들어가기를 머뭇거렸다. 회색 테라조 타일 위로 풍기는 한기와 물걸레 냄새가 나를 재촉하는 것 같았다. 배가 아팠다. 나는 도서관이나 마트 같은 곳에서 한정된 시간 안에 마땅히 무언가를 선택해야 할 때 초조해지곤 했다. 결국 교실 뒷문이 열렸다.

공공기관의 건축 자재들은 좀처럼 변하지 않는 모양이다. 아니면 우리 동네만 그렇거나. 테라조 자재로 마감된 도서관 바닥의 냄새와 온도가 그 시절을 떠오르게 했다. 더듬더듬 글을 쓰면서 기억이 점점 또렷해지는 듯했지만 확신하진 못했다. 모든 것의 원본은 그 순간일 뿐, 지나고 나면 조금씩 다 소설이다. 그러나 이만큼 또박또박 과거를 발음할 수 있는 건 그날이 대단히 인상 깊었고,

또 그 인상이 뿌리내리는 과정에 후각의 도움이 있었기 때문이라고 생각한다.

그렇지만 이것은 마냥 반가운 소환은 아니다. 후각을 통해 각인된 기억은 내가 무엇을 얻었는지 보여주는 동시에 무엇을 잃었는지도 보여준다. 프랑스 작가 필리프 들레름(Philippe Delerm)은 에세이 《크루아상 사러 가는 아침》에서 지하 저장고에서 사과 냄새를 맡았던 소년 시절을 이렇게 회상한다. "그 냄새 안에는 초등학교 시절의 가을이 담겨 있다. 보라색 잉크로 종이 위에 동그랗거나 길쭉하게 글씨를 끼적대던 그때. 비가 유리창을 때리고, 저녁이 무척이나 길게 느껴지던 그때. (…) 사과 냄새를 맡으면 마음 한구석이 아프다. 그것은 이전보다 더 강건한 어떤 삶, 더 이상 우리의 것으로 누릴 수 없는 '느림'의 냄새이기 때문이리라."[18]

어째서인지 나 또한 앞으로 그날의 등교처럼 강렬한 충동과 자유를 경험하는 일은 없을 거라는 확신이 들었다. 만약 들레름과 내게 후각으로 인한 선명한 기억이 없었더라면, 우리는 더 이상 돌아오지 않는 날들에 대한 아쉬움을 느끼지 않을 수 있었을까?

영화 〈퍼펙트 센스〉는 완벽한 상실이 완벽한 충족을 불러온다고 말한다. 어느 날 전 세계 사람들은 이유도 모른 채 모든 감각을 서서히 잃는다. 가장 먼저 사람들은 슬픔에 맹목적으로 휩싸여 잃어버린 것을 떠올리다가 통제 불가능할 정도로 눈물을 흘린다. 그다음 후각을 상실한다. 레스토랑에서 셰프로 일하는 주인공 마이클은 후각을 상실한 사람들을 위한 음식을 만들기 시작한다. 더 짜고, 달고, 시고, 자극적이게. 그러나 사람들은 금세 적응하고 그보다 더 큰 문제를 직면한다. 후각과 함께 그들의 추억이 소멸되는 것이다. 수많은 과거가 동시에 사라졌다. 그 후엔 미각과 청각을 잃는다. 마이클과 사랑에 빠진 수잔 또한 그 과정을 차례대로 밟고 있다. 수잔은 자신보다 먼저 다음 단계인 분노에 이른 마이클의 언행에 상처받고 도망치듯 집을 나서지만, 수잔 역시 곧 알 수 없는 분노를 경험한다. 이제 사람들은 나머지 감각을 모두 잃을 준비를 한다. 눈을 천으로 가린 채 서로의 어깨에 손을 올리고 이동하거나 동물의 보드라운 털에 얼굴을 맞댄다. 마이클과 수잔 또한 끝을 감지하고 서로를 만나기 위해 힘껏 달려간다. 그리고 마침내 가까워졌을 때 화면은 암전한다.

나는 영화의 마지막 장면을 보면서 어떤 안락함을 느꼈다. 모두가 지각할 수 없을 때 홀로 기능한다면 그것은 축복이 아닌 공포일 것이다. 만약 어느 고통이 누군가와 완벽히 공유된다면 그것을 슬픔이라 부를 수 있을까? 나는 오히려 행복과 가깝다고 여긴다. 물론 팬데믹 시대를 건너는 우리의 상태를 행복이라 일컬을 수 없지만, 그럼에도 지구의 동시다발적인 통제와 중단을 겪으며 많은 걸 잃었으면서도 또 얻었다. 코로나19의 대표적 후유증은 후각 상실이다. 아마도 많은 사람이 실로 처음으로 냄새를 맡지 못하는 고통을 오래 경험했을 것이다. 음식의 맛을 제대로 파악하지 못해서, 날씨와 계절의 다채로운 변화를 감지할 수 없어서 무미건조한 나날을 버텼을 테다. 특히 소믈리에나 제빵사, 무엇보다도 조향사들에게 힘든 증상이었다. 프랑스의 유명 조향사는 후각을 상실한 일이 피아니스트가 손가락을 잃은 것과 같은 공포였다고 말한다. 다행히 후각 세포는 다른 신경세포들과 달리 시간이 지나면 자연히 재생되기 때문에 대부분의 환자가 회복한다. 그러나 한 번의 잃음은 우리의 감각이 언제든 돌연 종료될 수 있다는 공포를 주지시켰다. 밥 냄새, 집 냄새, 반려동물 냄새, 아이 냄새, 자연 냄새, 심지어 아끼던 향수까지도 기억을 이루는 데 중요한 재료였다는 사실을 진지하게 인지한 계기이기도 했다.

◊

찰리 잉그만(Charlie Engman)의 AI 시리즈는 팬데믹 시대의 후각에 대해 더욱 시사한다. 〈MOM〉이라는 사진 시리즈로 이름을 알린 잉그만은 최근 인공지능 프로그램 '미드저니'를 통해 가상의 이미지를 선보이고 있다. 인스타그램에 업로드된 그의 작업물을 컴퓨터로 저장하여 확대해보았다. 휴대폰 화면으로 보았을 땐 막연히 신비로웠던 작품이 자세히 뜯어볼수록 기묘하게 느껴졌다. 〈Parking lot〉(2022) 시리즈에선 삭막한 주차장에 모인 노인들이 단순히 입을 맞추고 있는 것이 아닌 서로의 영혼을 빨아당기듯 피부를 흡입하고, 〈Chair〉(2023) 시리즈는 신체의 일부가 조금씩 더 있거나 덜 있는 상태로 기이한 방향으로 틀어져 혼자이면서도 꼭 누군가와 껴안고 있는 것처럼 보인다. 그의 작품 속 대부분의 인물은 눈을 감은 채 자신의 팔꿈치 안쪽 깊은 곳에 고개를 묻고 있거나 상대방의 얼굴과 지나치게 맞닿아 있다. 그리운 냄새를 찾아 파고들고 파고들다 결국 하나의 몸으로 굳어진 것처럼. 아름답고 애틋한 장면이지만 작품 곳곳에 불쑥 등장하는 수상한 오류가 이것이 AI 작품임을 밝힌다. 그러나 잉그만은 그 말이 되지 않는 부분을 애써 다림질하지 않는다. 현실과 비현실, 정상과 비정상의 경계를 오가느라 뭉개지고 비틀어진 흔적을 남긴다. 그것은 꿈의 메시지처럼 우리에게 알 듯 말 듯 할 정도로만 들리고 읽힌다. 후각 상실의 또 다른 후유증인 '브레인포그'의 증상과 닮았다. 머릿속이 뿌옇게 희석되어 기억의 해상도는 낮아지고 단어들이 조금씩 뒤엉킨다. 나는 작가가 사용했을 명령어들을 상상해본다. 사랑을 제외한 쓸쓸한 빈터의 단어들로 사랑을 완성했으리라. 그리고 그 단어들의 투명한 통로를 오갈 수 있는 건 체취뿐이라는 결론에 이르렀을 것이다. 재난과 질병의 시대지만 그렇기에 더더욱.

어쩌면 인간의 삶은 더하기 빼기라는 단순한 셈으로 수식되지 않을지도 모른다. 잃음의 전제는 있음이기에, 인간은 잃음으로써 있음과도 가까워질 수 있지 않을까? 마르틴 발저(Martin Walser)는 말했다. "부재한 것이 많을수록 그 부재를 견디기 위해 우리가 동원한 것은 더욱 아름답다."§ 상실 끝에 희망을 발견하게 된다면 이런 이유 때문일 것이다.

§ 페터 춤토어의 《건축을 생각하다》에서 언급된 문장으로 원문은 이렇다. "The more we miss something, the more beautiful may become that which we have to mobilize in order to endure absence."

환상의 섬,
　　　　　제주

2023년 9월 26일 제주국제공항 2번 출구 앞에 앉아 친구를 기다린다. 좁은 도로 하나를 두고 휴양지의 상징인 야자수가 나란히 서 있다. 사람들은 신호등을 건너는 귀찮음을 무릅쓰고 그 앞에서 사진을 찍는다. 연인과 가족, 그 옆에 머뭇대는 외국인도 보인다. 나중에 보면 촌스러운 사진이 될 줄 알면서도 여행의 들뜸에 힘입어 기록을 남긴다. 지금 막 공항에서 태어난 여행자들은 새롭게 펼쳐진 풍경에 눈을 반짝인다. 저기 한 치만 벗어나면 바다고 오름이고 숲이다. 누가 말했던가. 제주는 환상의 섬이라고. 맞다. 이곳은 분명 환상의 섬이다.

2020년 1월 14일 회녹색 눈의 여자가 제주국제공항에 도착한다. 노르웨이 출신의 후각 연구자, 시셀 톨라스

(Sissel Tolaas). 그의 업무는 조향이 아닌 냄새를 기록하고 복원하는 일이다. 그는 1990년부터 지금까지 전 세계를 오가며 얻은 약 1만 개가 넘는 분자를 베를린 연구소(Re_Search Lab)에 보관하고, 이를 바탕으로 자신만의 냄새 어휘 사전인 나잘로(Nasalo)를 구성하고 있다. 그의 연구소엔 사회적 변화를 읽을 수 있는 특정 냄새들이 존재한다. 아마존 열대우림, 스리랑카 습지, 19세기에 멸종된 꽃, 제1차 세계대전 냄새 등 이미 사라졌거나 사라져가는 현상에 대한 것들이다. 그날 톨라스가 제주에 온 것은 제13회 광주비엔날레 작품을 준비하기 위함이었다. 그는 그곳에서 양신하라는 남자를 만났다.

1937년생 양신하는 70여 년간 매일 일기를 써왔다. 톨라스는 언어학자 백승주의 도움으로 양신하 일기의 주된 역사적 배경을 이해하고, 헤드스페이스 기술¶을 통해 양신하의 일기를 냄새로 전환하는 일을 했다. 그리고 그 냄새 분자를 37개의 화산석에 입힌 뒤 날짜가 적힌 태그를 매달아 전시했다. 벽면엔 양신하의 일기가 나열되어 있었다.

¶ 1980년대부터 이용된 기술로, 냄새 분자를 분석하는 휴대용 기계를 통해 냄새를 재현할 수 있다.

관람객은 냄새를 맡고 태그 속 날짜를 확인한 뒤에 그날에 해당하는 일기를 찾아 읽었다. 그리고 다시 한번 냄새를 맡았다.

"1956년 5월 18일 맑음. 오늘은 한 시간의 생물 수업을 하고서 선생님으로부터 비행장 동남쪽 서란봉에 많은 사람이 죽음을 당해 뼈가 있는 곳에 형님의 뼈를 찾으러 가라고 했다. 현장에 갔는데 형수님이 먼저 와 있었고 많은 사람 속에서 나를 찾아와 아주버니 형은 특별히 키가 컸으니 큰 뼈가 나오면 찾으라고 하였다. 오후까지 굴 속에 있는 물을 양수기로 퍼내고 있었다. 한참 늦은 때 아무 뼈라도 차지하라고 형수님이 이야기를 해서 누구의 뼈인지 형수님과 같이 받고 묘역에 가서 묻으니 저녁이 되어 캄캄한 밤에 돌아왔다. 오늘은 세계사 교과서를 샀음. (500환)(하의 1400환)."**

1950년 8월 20일 양신하는 모슬포 섯알오름에서 형을 잃었다. 한국전쟁이 발발하자 정부는 북한군에 협조할 우려가 있다며 좌익 활동을 했거나 그럴 가능성이 있는

** https://m.hankookilbo.com/News/Read/A2021050608370004245

이들을 찾아 무작위 예비검속을 시행했다. 그 결과 조용한 대학살이 일어났다. 그의 형도 동네 사람들이 향사에 모여 있다는 얘기를 듣고 따라갔다가 덜컥 예비검속자가 되어 두 달 후 희생당한 것이다. 6년 뒤 그는 수업 도중 소식을 듣고 형의 뼈를 찾으러 갔지만 알아보진 못했다. 수백 구의 뼈들 사이에서 형이라고 짐작할 수 있는 건 아무것도 없었기 때문이다. 그래서 형수의 말을 듣고 아무개의 뼈를 찾아 대신 묻었다. 그날은 교과서를 산 평범한 날이기도 했다.

2021년 4월 21일 양신하는 톨라스의 작품을 직접 경험하기 위해 먼 길을 와 광주에 도착했다. 입 밖으로 꺼내지 못해 글로 쓴, 어쩌면 글에도 미처 담지 못한 과거의 날들이 향이 되어 퍼졌다. 85세 양신하는 드디어 말했다. "이제부터는 이걸 세상 모든 사람에게 보여줄 수 있으니 나만의 슬픔이 아니라 모두의 슬픔이 될 수도 있겠다는 생각이 듭니다. 그동안 일기를 쓴 것에 자부심을 느낍니다. 더 이상 숨겨져 있고, 나만 알고 볼 수 있고, 언젠가는 쓰레기통에 버려지는 것이 아니니까요."

양신하는 예비검속뿐 아니라 7년 넘도록 이어진 제주 4·3사건의 목격자이자 피해자이다. 제주의 최대

비극인 4·3사건은 오랫동안 함구되어 왔다. 토벌대와 무장대 사이에서 무고한 민간인들이 아무런 근거 없이 대살(대신 죽임을 당함), 강간, 폭행, 추방 등을 당했고, 그 탓에 제주 사람들은 어디에도 호소하지 못하고 입을 다물어야 했다. 1980년대 말 민주화의 기운이 느껴지기 전까지 군사정권에 의해 약 1만 4천 명의 죽음이 40여 년간 음소거되었다.[††] 톨라스는 말했다. "모든 냄새에는 목적이 있고 존재할 권리가 있다." 그는 제주의 사건을 냄새로 폭로함으로써 우리가 이제껏 사용해보지 않은 감각으로 진실을 마주 보게 했다.

2023년 9월 30일 다시 제주국제공항이다. 아니 이제는 안다. 이곳은 정뜨르비행장이다. 광활한 활주로 아래로 70년 넘는 세월을 벗겨내면 수백 명의 시체가 탑처럼 쌓여 있던 어느 과거가 드러난다. 일제강점기에 일본이 군사적 목적으로 준공한 정뜨르비행장은 비밀스러운 지리적 특성을 가진 탓에 예비검속 때와 마찬가지로 제주 4·3사건 내내 집단 학살터로 이용됐다. 유골들이 얽혀 있는 땅 위로

---

†† 공식적인 희생자 집계는 1만 4천 명이지만 여러 조사와 연구에 따르면 3만 명 정도라고 추정된다.

시멘트가 채워져 활주로가 되고, 그 범위를 확장하여 지금의 공항이 된 것이다. 해 뜨기 전 이륙 준비를 하는 비행기를 보며 생각한다. 이 섬을 일컫는 환상이란 정확히 무엇인가. 환상(fantasy)은 유령(phantom)의 어근인 phan과 나란히 한다. phan은 '실체 없는 것을 보이다'라는 뜻이다. 제주엔 백비(어떤 까닭에 글을 적지 못한 비석)와 헛묘(시체 없이 비어 있는 무덤)가 존재한다. 이것은 있음을 믿으면서도 없음을 인정하는 애도의 방식이다. 제주는 완벽히 죽지 못한 영혼들이 넘실대는 섬이다. 환상의 섬이다.

90년대생인 나는 일제강점기, 한국전쟁, 민주화운동 등의 역사를 겪지 않았다. 삼풍백화점붕괴사고, 911테러, 대구지하철참사 같은 커다란 비극을 기억하기에도 너무 어렸다. 그럼에도 불구하고 나를 포함한 우리 세대는 그날의 잔재를 고스란히 유산받았다. 우리는 시간이 지나도 같은 방식의 재난이 되풀이됨을 목격한 무력한 세대다. 2014년 4월 16일은 어떻게 참사가 되었나. 1950년 6월 27일 가장 먼저 대구로 피난을 떠난 초대 대통령은 라디오 방송을 통해 서울 시민에게 말했다. "움직이지 말고 기다리라." 세월호가 침몰하고 있던 때 선내에 퍼지던 안내방송과 정확히 일치한다.

왜 과거의 아픔을 기억해야 하는가. 그것도 냄새라는 비가시적인 것에 왜 의존해야 하는가. 도대체 그것에 무슨 힘이 있다고. 프루스트 현상(특정 냄새나 맛을 경험하고 과거를 회상하는 일)을 소설을 통해 세상에 알린 마르셀 프루스트는 말한다.

"머나먼 과거로부터 아무것도 남아 있지 않을 때, 사람들이 죽고 사물들이 부서지고 흩어진 후에도, 맛과 냄새만이, 연약하지만 끈질기게, 실체가 없으면서도 지속적으로, 충실하게, 오랫동안 남아 떠돈다. 마치 영혼들처럼, 기억하고 기다리고 희망하면서, 다른 모든 것이 부서진 가운데서, 그 사소하고 거의 만질 수도 없는 한 방울의 본질 가운데 회상의 방대한 구조를 견지한다."[19]

특정 냄새엔 인간을 멈칫거리게 하는 힘이 있다. 과거의 메시지를 현재에 발신하는 능력이, 그리하여 현재에 응답을 요구하는 재촉과 당위성이 있다. 인간의 고통 앞에 중립은 없다고 프란치스코 교황이 어느 자리에서 말했던 것 같다. 나는 그 말을 이렇게 해석하고 싶다. 모름과 앎 사이엔 모른 체가 있고 교황이 말한 중립은 모른 체가 이어지는 행위,

즉 방관이라고. 지나간 재난도 구제할 수 있는가? 미래의 재난을 방지할 수 있는가? 나는 이미 톨라스가 답했다고 생각한다. 어느 날 그가 양신하의 말에 전원을 켜준 것처럼 현재 우리가 해야 하는 건 앎의 노력, 기억뿐이라고.

참고문헌

1. 《코끝의 언어》, 주드 스튜어트, 김은영 옮김, 월북, 2022, p.47
2. 《시간의 향기》, 한병철, 김태환 옮김, 문학과지성사, 2013, p.27
3. 《그리스인 조르바》, 니코스 카잔차키스, 이윤기 옮김, 열린책들, 2009, p.7
4. 《케빈에 대하여》, 라이오넬 슈라이버, 송정은 옮김, 알에이치코리아, 2012, p.141
5. 《건축을 생각하다》, 페터 춤토르, 장택수 옮김, 나무생각, 2013, p.80
6. 《뇌의 진화, 신의 출현》, E.풀러, 유나영 옮김, 갈마바람, 2019, p.60
7. 《그대는 할말을 어디에 두고 왔는가》, 허수경, 난다, 2018, pp.304~305
8. 《나는 발굴지에 있었다》, 허수경, 난다, 2018, pp.82~83
9. 《가기 전에 쓰는 글들》, 허수경, 난다, 2019, pp.307~308
10. 《악취와 향기》, 알랭 코르뱅, 주나미 옮김, 오롯, 2019, p.102
11. 《당신의 조각들》, 타블로, 달, 2008, p.11
12. 《떠난 후에 남겨진 것들》, 김새별, 청림출판, 2015, P.83
13. 《떠난 후에 남겨진 것들》, 김새별, 청림출판, 2015, P.83
14. 《사람, 장소, 환대》, 김현경, 문학과지성사, 2015, p.3
15. 《아리스토스토텔레스: 에게해에서 만난 인류의 스승》, 조대호, 아르테, 2019, p.2
16. 《나는 오래된 거리처럼 너를 사랑하고》, 진은영, 문학과지성사, 2022
17. 《광기의 역사》, 미셸 푸코, 이규현 옮김, 나남출판, 2020, p.28
18. 《크루아상 사러 가는 아침》, 필리프 들레름, 고봉만 옮김, 문학과지성사, 2021, pp.76~78
19. 《프루스트는 신경과학자였다》, 조나 레러, 최애리, 안시열 옮김, 지호, 2007, p.148

나를 기른 냄새
: 후각이라는 터널로 더욱 선명해진 풍경
ⓒ 이혜인

초판 1쇄 인쇄 2024년 11월 19일
초판 1쇄 발행 2024년 11월 29일

지은이 이혜인
펴낸곳 청과수풀
출판등록 제2023-000203호
이메일 oursuful@gmail.com
인스타그램 @chsuful_editor

ISBN 979-11-989588-0-8 (03810)

◊ 책값은 뒤표지에 있습니다.
◊ 파본은 구입하신 서점에서 바꿔드립니다.
◊ 아르노 피셔의 사진 저작권 허가를 위해 국내외 미술관
  등에 연락을 취했지만, 메일 반려 등으로 끝내 연락이 닿지
  못했습니다. 연락이 닿는대로 절차에 맞춰 저작권 허가를
  진행하겠습니다.